対話的現象学の理念

対話的現象学の理念

S. シュトラッサー 著
齊藤　伸 訳

知泉書館

凡　例

一，本書は Stephan Strasser, *The Idea of Dialogal Phenomenology*, Duquesne University Press, 1968. の全訳である。
一，原文のイタリック体は傍点によって示した。
一，著者による原語等の補足は（ ）にイタリック体で示した。
一，訳出に際して訳者が補った言葉は〔　〕で示した。
一，訳者による原語の挿入は（ ）で示した。
一，注は著者が引用の際に用いている略記を記し，必要に応じて補足を（ ）で示した。詳細は著者による参考文献の項を参照されたい。

参考文献

Edmund Husser
Cart. Medit.: Cartesianische Meditationen und Pariser Vorträge, *Husserliana* Band I, 1950.

Ideen I: Ideen zu einer reinen Phänomenologie und phänomenologischen Philosophie. Erstes Buch, *Husseriana* Band III, 1950.

Ideen II: Ideen zu einer reinen Phänomenologie und phänomenologischen Philosophie. Zweites Buch, *Husseriana* Band IV, 1952.

Ideen III: Ideen zu einer reinen Phänomenologie und phänomenologischen Philosophie. Drittes Buch, *Husseriana* Band V, 1952.

Die Krisis...: *Die Krisis der europäischen Wissenschaften und die transzendentale Phänomenologie*, *Husserliana* Band VI, 1954.

Erste Philosophie (1923/4) Erster Teil, *Husserliana* Band VII, 1956; Zweiter Teil, *Husserliana* Band VIII, 1959.

Phänomenologische Psychologie, Husserliana Band IX, 1962.

Zur Phänomenologie des inneren Zeitbewusztseins, *Husserliana* Band X, 1966.

Analysen zur passiven Synthesis, *Husserliana* Band XI, 1966.

Logische Untersuchungen, Teil I, Teil II, Halle, 1928.

Erfahrung und Urteil, hrsg. von Ludwig Landgrebe, Hamburg, 1941.

Formale und transzendentale Logik, Halle, 1926.

Die Idee der Phänomenologie, Den Haag, 1950.

その他の著者
Martin Heidegger, *Sein und Zeit*, Tübingen, 1953.

Jean-Paul Sartre, *L'être et le néant*, Paris, 1950.

Maurice Merleau-Ponty, *Phénoménologie de la perception*, Paris, 1945.

はしがき

　過去数十年にわたって現象学的哲学は多方面からの批判にさらされてきた。論理的実証主義，現代の経験主義，言語学的分析，そして現代の構造主義運動の代表者たちは，ためらうことなく辛辣にエトムント・フッサールの精神を継承する者たちを批判した。それでも信念をもった現象学の哲学者は，これらの攻撃によっても過度な印象を受けることはない。それらのうちのいくつかは哲学者ではない者によってなされていること，また，その他のものは現象学者とはまったく異なる関心をもつ哲学者によってなされたものであることを，知っているからである。彼は後者の思想が自分自身の思想に有意義な補完物であると見なすことによって，何ら差し支えなく前者を無視することができる。総じて現象学者が反-現象学的な批判の殺到に煩わされることはない。

　しかしながら現象学者の一団を困惑させる他の問題がある。それはフッサールの超越論的現象学が間主観性の問題を解くことができないということである。マックス・シェーラー[1]，アドルフ・ライナッハ[2]，ヴィルヘルム・シャップ[3]，マルティン・ハイデガー[4]，カール・レーヴィット[5]，ジャン=ポール・サルトル[6]，モーリス・メルロ=ポンティ[7]，そしてポール・リクール[8]らの著作がこの問題を証言している。彼らの困惑は容易に理解できる。現象学は人間存在の社会的次元を説明できないということが証明されるなら，それは20世紀の哲学において指導的な役割を主張する一切の

正当性をもち得ないことを，これらの著者たちは確信していた。こうして，なぜこの数年間にさまざまな思想家たちがフッサールの主要な問題点を哲学的に反省すべく一致して努力したのかが分かるだろう。ここではルネ・トゥールモン[9]，アルフレッド・シュッツ[10]，ミヒャエル・トイニッセン[11]，そしてR.F.ベーリング[12]の名前を挙げておくだけにしておこう。彼らは思考の様式や出発点はそれぞれ異なっていたにもかかわらず，フッサール哲学の社会性に関する問いへの結論は大部分で一致していた。彼らはみな，何かが欠けていることを察知して，本質的な欠陥を指摘している。彼らはその他の点においては健全である超越論的現象学の，本体をも損なわせる痛みどころを暴かざるを得なかった。どうやらこの痛みどころは自然と消えてなくなりはしないようなので，それは化膿し続け，やがて現象学的哲学の全身を蝕む恐れがある。

　本書の著者も他の多くの著者たちと同じように，フッサールが人間存在の社会的次元を説明できなかったことは実質的な重要性をもたない皮相的な特徴であると長らく確信してきた。超越論的現象学という荘厳な建造物は巧妙に設計され，堅固に施工されものと考えていたのである。それはたった一つの項目に関してのみ完成していないだけであった。フッサールはこの一つの項目については自身の計画を遂行しなかったが，それを除けば彼の哲学の出発点と手法は金城鉄壁であった。

　しかし著者は，フッサール自身がそれほど楽天的な展望をもっていたわけではないという奇妙な事実に驚かされた。それどころか彼は『デカルト的省察』の第五省察の冒頭で，彼に特徴的な容赦のない誠実さをもって次のように宣言してい

る。すなわち彼の超越論的観念論は，志向性の分析という方法を用いて間主観性の問題を解決する可能性と運命を共にする，と[13]。そうすると，彼のその試みを失敗と見なさざるを得ないのであれば，これは非常事態を告げるように思われるだろう。この失敗は広範囲に及ぶ帰結を含んではいないだろうか。またそれは，「世界」，「構成」，「志向性」，そして「還元」といった概念に新たな光を投じることはないのか。わたしたちはフッサールの精神において，超越論的現象学の根本命題の批判的な修正へと進んではならないのだろうか。

　著者がクラシカルな現象学の主要なテーマを再解釈しようと決めたことは気まぐれや気楽な流行によってではない。わたしは26年に渡ってフッサールの哲学を研究してきた。ルーヴェンのフッサール・アーカイブの協力者としてフッサールの著作を翻訳，編集，解釈するにつれて，現象学の創始者の思想に広く親しむようになった。わたしは自分の計画の困難さを思い違うことはないし，誤謬と欠陥の可能性をア・プリオリに排除することもしない。本書における著者の願いは次の一点である。すなわち，厳粛な音声と挙手をもって現象学というフッサールの「矮小な教条主義」を想起させようとする，独りよがりな評論家にならないことである。著者は哲学に関して言うとその「教条主義」と共に育ち，そして一人の哲学者としてはすでにそれを脱している。なぜ著者がこの「教条主義」を今日の現象学的哲学にとって健全な指針であると見なさないのかは本書のなかで説明されるであろう。またそれと同時に著者は現象学運動が直面している袋小路から抜け出すための道を示すつもりである。

　本書の内容は最初にまったく同じ形としてではないが，1968年10月にデュケイン大学での講義として発表されたも

はしがき

のである。

Stephan Strasser

　デュケイン大学でのこれらの講義録が出版されるのに先立って，Dr. Walter van de Putte によってテキストの最初の翻訳がなされた。講義の後に加筆されたテキストを校正し，完成させた後に著者による承認をお願いした。わたしたちは Dr. James Erpenbeck にこの原稿を読んでいただき，それをいっそう読みやすくするための的確な改訂を提案して頂いた。

Henry J. Koren

目　　次

凡　例…………………………………………………………v
参考文献………………………………………………………vii
はしがき………………………………………………………ix

第 1 講義　意識の現象学的考察………………………… 3
　1. 序論　岐路に立つ現象学者…………………………… 3
　2. 現象学における直観的および反思弁的特質………… 8
　3. 還元的 - 弁証法的哲学としての現象学………………11
　4. 志向性の哲学としての現象学…………………………20
　5. 発生の哲学としての現象学……………………………23
　6. 要約と結論………………………………………………30
第 2 講義　フッサールの哲学における「世界」の概念…37
　1. はじめに　問題点………………………………………37
　2. 「世界」の三つの概念……………………………………39
　3. 地平と世界………………………………………………47
　4. 一つの世界と多数な世界………………………………57
　5. 世界の還元に関する問題………………………………64
　6. 結　論……………………………………………………72
第 3 講義　世界の現象学から対話的現象学へ…………75
　1. 世界の問題に対する複数の視点………………………75
　2. 「我」に対する「汝」はいかにして存在するか……83
　3. 思考可能性（*cogitabilitas*）の問題……………………96
　4. 対話的構成………………………………………………107

目　次

第4講義　自覚の成長 ……………………………… 115
1. 他の自我を認識すること ……………………… 115
2. 自覚的になることはいかにして始まるか ……… 129
- A. 発達の前−客観的段階 ……………………… 130
- B. 第二段階：慣習による客観化 ……………… 148
- C. 第三段階：言語による客観性 ……………… 154
3. 結論 ……………………………………………… 163

第5講義　自由の増大 ……………………………… 166
1. 自由とその意味 ………………………………… 166
2. 有限な自由はいかにして可能か ……………… 175
3. 結論 ……………………………………………… 185

第6講義　信の成長 ………………………………… 190
1. 序論　「汝」についての問い ………………… 190
2. 対話的哲学の困難さ …………………………… 191
3. 信（faith） …………………………………… 196
4. 生命と世界 ……………………………………… 211
5. 我−汝関係におけるダイナミックな視点の重要性 … 215
6. 結論 ……………………………………………… 221

解　説 ………………………………………………… 223
訳者あとがき ………………………………………… 233
注 ……………………………………………………… 237
人名索引 ……………………………………………… 251

対話的現象学の理念

第1講義
意識の現象学的考察

1. 序論 岐路に立つ現象学者

　フッサールが自身の『現象学の理念』(1907)[1]を考案してから60年以上の時が流れ，今日になってその理念が生み出した物事を思い返してみると，わたしたちは二つの事実を認めざるを得ない。フッサールの新しい哲学的反省は，当初それは手探りでためらいながらではあったが，なんとか世界中へと広がる知的運動へと発展してきた。現象学運動がさまざまな位相と形式において[2]20世紀の哲学を肥沃にし，また豊かにしてきたことは議論の余地のない事実である。

　それは思想の新しい形式，思考の新しい方法，および様式を採り入れることによって西洋の哲学を生産的にした。またそれは哲学的反省の領域を大いに拡大することによって，その哲学を素晴らしく豊かなものにしたのである。かつてはなおざりにされていたあらゆる類の論題が，今日では哲学的探求の主要な地位を占めている。地球と景観，建築と住居，舞踊と遊戯，笑いと泣き，恐怖と嫌悪などは，もはや探求する価値のないものとか，馬鹿げたものと見なすことはできない。このような拡大された関心の地平は現象学の影響に起因している。

第 1 講義　意識の現象学的考察

しかしながらそこにはもう一つの側面がある。わたしたちは現象学の運動が行き詰まりを見せるようになってきていることをも認めざるを得ない。それは一連の再興衝動を引き起こしたのであるから，振り返ってみれば，過去において現象学は一つの運動であったということが容易に分かるであろう。それは自らを絶えず若返らせることによって生き長らえたのである。

わたしはもう一つの研究のなかで，そうした若返りがどのようにして起こったのかを示そうと試みた。つまり「純粋現象学」であるものがいかにして「超越論的現象学」となり，そして後者がその発展のなかでいかにして「実存論的現象学」への道を開かねばならなかったのかを示そうとしたのである[3]。そうした変貌が苦闘なしに生じたのではないことは言うまでもない。フッサールとシェーラーの緊迫した関係，ハイデガーの辛辣なフッサール批判，サルトルとメルロ＝ポンティの論争などを思い返してみるだけで良い――それらは革新というものが必ずしも平和な過程ではないことを示している。しかしそれらの衝突を 30 年，20 年，あるいは 10 年という視点から振り返ってみると，それらの相違すべてが生命の表現であったことは明らかである。それらは熱心な真理の探究と哲学的生存競争を証言したのであった。

現象学者がこの 10 年間を思い返した際に，もっとも印象的であるのは次の事柄である。すなわち，もはや対立や基礎的批判，原理についての論争がないばかりか，新たな哲学的衝動すらもないということである。実存論的現象学のメッセージ――その成果がどれほど価値あるものであったとしても――が現象学における最後の言葉にはなり得ないこと，また実存論的現象学が特定の問題を解決するのにも程遠く，そ

1. 序論　岐路に立つ現象学者

れらを提出しさえしていないということを多くの者が確信していた。けれども不満というこの感情は，遠慮がなく，それでいて建設的な批判となって表現されはしない。

　このような考察はわたしたちの時代における現象学運動が或る決断の必要性に直面しているという印象を与える。いつものことだが，それを行うためには容易な方法と困難な方法とが存在し，その容易な方法は二重の様式で採り上げられる。

　第一には，現象学の或る特定の形式を「公認」(canonize)することである。たとえばフッサールの超越論的現象学は——それが真の (the) 現象学であると宣言し，そして現象学者と呼ばれることを望むすべての者から絶対的な正統性を要求する。そうした手法が招来する帰結がいかなるものであるかは容易に知れる。こうして悪い意味でのフッサール的なスコラ主義が生じたのである。多かれ少なかれヴィルヘルム・ヴントの精神において語る際には[4]，わたしたちはそれを次のように特徴づけることができる。すなわちそうしたスコラ主義は，もっとも多様に分岐した諸問題をア・プリオリに認められた概念という共通の道具を用いて明らかにしようと熱望する。だが，他方でそれは伝統的な用語や概念にあまりに多くの重要性を認めているため，これらの用語や概念の基礎を問おうとさえしていない，と。そのような態度がエトムント・フッサールの精神にはなはだしく矛盾するものであることは明らかであろう。

　第二に，当然のことながら現象学運動に対してまったく歴史的な態度をとることも可能であろう。そうすると，ある者は編集と解釈の作業，つまり現象学の哲学者によって書かれた文章の解釈学に，そして伝記的探求あるいは歴史的研究論

文に全面的に没頭することであろう。こうした仕事は確かに重要ではあるが，それがもっとも重要な仕事であると見なされてはならない。わたしたちはただちにそうした歴史的および文献批判的研究，つまりは主題に即した探求および解釈学的探求が有用であり，かつ不可欠でさえあることを認める。だが，もしも修正することがその問題の適切な取り扱いによって要求されたならば，いつでもその概念装置を進んで修正するような精神にとっては，歴史的および文献批判的研究はその問題についての独創的な思考の代用にはならないのである。もしもこのような精神が欠如しているならば，その時わたしたちは現象学運動の終焉の兆しを目の当たりにするであろう。

そのためこれら二つの方法は比較的に容易な「解決」である。困難な方法を選択するとすれば，当然のことながらその人は強固な理由をもっているはずである。そしてもしも現象学者がそうした理由が存在すると自分を納得させたければ，自己の哲学的良心を吟味しなければならないであろう。その者が半信半疑な状態，不安を感じ，そして躊躇する状況にいるなら，それは現象学的に哲学することの本来的な洞察について反省するのに有益であるかもしれない。そのような反省は当然のことながら解釈や解釈学という作業と同時に，立場を決定する (taking a position) という作業をも含んでいる。しかしそれでいてこの立場は積極的および消極的な状況の双方において，かつての現象学運動によって動機づけられているために，何ら恣意的なものとはならない。それは現象学的洞察を生み出した主要な源泉の探求に等しいであろう。

そのうえそうした試みは，真に現象学的と呼ばれるに値する。なぜならフッサール，シェーラー，メルロ＝ポンティ，

1. 序論 岐路に立つ現象学者

そして『存在と時間』の著者のエー・ト・ス・〔精神〕との一致のなかに,いったいどれだけその基礎についての問い,つまり実存論的企てや知的成果がそこから生じたところの起源や源泉についての問いよりも大きいものがあるだろうか。現象学者たちの三世代を次々と回想し,彼らの業績を学び,そして現象学運動において生じた数々の変形を目撃した後では,著者は自分にこのように問うことができる。すなわち,真・の・現象学とは何か。それにとっては何が本質的であり,また何がそうではないのか。現象学的に哲学すること本来の推進力および動機は何か。その基礎的な関心は何か,と。

それらの問いに対する簡潔な解答が与えられ得るとすれば,それはわたしたちがいくぶん問題の射程を単純化する決断をした時だけである。哲学の歴史家はここでのわたしたちの議論が個々の多くの事柄にはそれほど論及していないことに気付くであろう。だがわたしたちが扱っている問いに関して言えば,完全無欠である必要はない。それが次のようなやり方において,わたしたちが十分に根拠をもっていると実感する理由なのである。つまりわたしたちはフッサールの哲学を方法論的な指針として用いるのであり,ただ何かのついでに,かつ,時折,どの程度までフッサールの思想がもっている確かな特徴が,たとえ修正された形であろうとも,他の主要な現象学者たちにおいて見出されるのかを問うという方法である。それと同時にわたしたちは,いかに現象学の主要な諸関心が相互に関係し合うのかを批判的に吟味し,それらの目的は交錯してはいないのか,またそれらが実現され得るのであればいかにしてか,と問うであろう。

完全であると主張するわけではないが,解釈学的な視点からすると四つの傾向が現象学的思考そのものにとって特徴的

であると著者は確信している。そこでわたしたちはここでこれらの基礎的な諸傾向を特徴づけ，比較し，また必要であればそれらを批判にさらそうとするのである。

2. 現象学における直観的および反思弁的特質

　現象学は何よりもまず直観（*Anschauung*）の哲学として現れる。そのためそれは，まさにその出発点からして19世紀末にドイツで指導的であった哲学的潮流——たとえば実証主義や新カント学派——に対する鋭い反動として現れた。これら二つの思想潮流はその精神からして互いに本質的に異なっており，実際のところ対立し合ってさえいた。それにも関わらずそれらは或る重要な一点，すなわち科学へと方向づけられ，同調したという点においては一致していた。いまや科学者とりわけ自然科学に従事する者は，直観，知覚，そして観察を無視することはできない。知覚は科学者に自然現象という不可欠な出発点を与えるのであるから，それなしには始めることができないというのは当然である。しかし科学者にとって知覚されたものは現実ではない，ということもまた議論の余地がない。現実の対象は感覚的な印象という煙幕の背後に隠れているものである。換言すると，現実（リアリティ）とは言葉の科学的な意味で，知覚された情報を根幹として精神の数学的操作によって作り上げられた構成物である。それゆえ直観そのものは科学者にとって確実な知識の源泉ではない。

　なぜフッサールの著作のなかで何度も繰り返される考え方の一つが次のような確信であるのかを理解しようとするならば，わたしたちはこうした事態を忘れてはならないだろう。すなわち，直観によって捉えられるものは，「直接的所与」

2. 現象学における直観的および反思弁的特質

(immediately given),「それ自身を現前させるもの」(itself present),「身体的に現前するもの」(bodily present),「物自体」(thing itself) である, という確信である。現代の科学者たちが組み立てた抽象概念からなる壮大なピラミッドでさえも, それは感覚的経験という確固たる地盤に基礎づけられている。それは「日常の世界」の基礎なくしては存在し得ない。要するに, 現象学者にとっての現象は, 科学者にとっての現象とは正反対のものである。現象学者が誇らしげに言うように, そのもの自体が何であるかをわたしたちが認識するのは現象のおかげであり, そしてその者の哲学全体が基礎づけられているのは, この確信なのである。

現象学者のこうした積極的な確信は, それ自体 (itself) が現れるものとの関わりをもたない思弁的で, 構成的な思考を断固として拒絶することと密接に関連して展開される。そのためよく知られた若きフッサールの標語は「事象そのものへ帰れ」(*Zurück zu den Sachen selbst*) であった。しかし現象学の創始者が1929年に一種の形而上学的確信を宣言したときに[5], 彼は次のような警告を付け加えた。「したがって現象学的な解釈とは, 本当のところ何ら〈形而上学的な構成物〉のようなものではない。――それは純粋直観の範囲内で起こるのであるから, それらすべてに対してもっとも鋭い対立のうちで成立する」[6]と。またフッサールは他の場所で,「思弁的な構成物」に反対する態度を表明したのである[7]。

ここで自然と生じてくる問題は, フッサールが「思弁的」という語によって何を意味しているのかということである。この哲学用語はさまざまな意味をもっているからである。アンドレ・ラランドは彼の辞書のなかで「思弁的」という語を二つの意味で定義している。「A. 何ら知ること以外の目的を

第 1 講義　意識の現象学的考察

もたない思考。B. したがって今日では侮蔑的な含意を込めて，立証不能で疑わしい価値をもつ抽象的で恣意的な構成物」[8]。そのためラランドによると第二の意味における「思弁」の特質は次のようなものである。すなわち，こうした類の思弁的思考は実際の経験から出発するのではなく，むしろ理論的な構築物から出発する。それは多かれ少なかれ恣意的な前提に支えられており，それゆえそれらの真の価値は確かめられ得ない。ことによるとわたしたちはカール・ヤスパースにやや同調して次のようにも言うことができる。思弁的思考というのは，自分の思考で自主独立した運動を遂行しているとしても，その規範としてはいかなる対象によっても自身を導くようにはさせない，と[9]。

　もしもわたしたちがその用語の侮蔑的な意味から出発するならば——そしてこの意味がフッサールの時代では流行していたのだが——現象学的思考は思弁的思考と正反対であると言わざるを得ない。というのも，或る物，或る社会的関係，あるいは意識内の或る現象であるにせよ，現象学者は知覚された事柄（matter）から出発するからである。そして現象学者は当該の事柄が知覚する者に与える，「法則の構造」を見出そうと試みる。つまり現象学者は，或る規範によって，知覚したものによって，想像したりあるいは考えたりするものによって，自身に法則を与えるのである。フッサールはいかなる知性も，たとえそれが神の御霊であろうとも，「事柄が事柄として」(matter as matter) それを規定する法則からは逃れることができないと明確に述べている[10]。「形而上学的冒険」に熱中し始めることを抑止するところの，忠実さ，実直さ，そして自制といった現象学者に期待される他のすべての性質は，自らを現前させているもの，そして自らを提示し

3. 還元的−弁証法的哲学としての現象学

　現象学を直観的な特質において捉えるわたしたちの主張にはおそらくそれほど多くの異論はないであろう。そもそもこうした主張は，シェーラー，ハイデガー[11]，サルトル，そしてメルロ＝ポンティなど著名な現象学者たちによって，たとえ明示的にではないとしても暗黙裡にはなされている。もしもこれらの哲学者たちが直観的経験を通して事柄の核心に入り込むことができると確信していなければ，彼らはこの点についてそれほど多くの記述をしないだろうからである。

　しかしながらわたしたちが現象学における第二の特性として弁証法的−還元的な特質について言及する際には，それに比べてこの主張は驚くべき事態を引き起こすであろう。しかし現象学がその弁証法的−還元的特質によって，実在論や印象主義，そして常識哲学のすべての形式とは明らかに異なっていることは確かである。

　つい先ほどわたしたちが用いた表現から出発して問うてみよう。いかにして現象学者は「事柄の核心に入り込む」ために進んでいくのか，と。フッサールに関連して言うとその問いには三つの異なる答えが与えられねばならないが，それらの答えは相互に弁証法的な関係のうちにある。

　現象学者が最初になさねばならないことは，確かに「知覚」し，「記述」することであり，当然のことながらこの作業は第一に具体的で個別的な現実に関係する。そうした現実の知覚は容易に当の現実の本質直観へと変貌し得る[12]。「知覚された」ものというのは，たとえばわたしが聞く音や見る

第1講義 意識の現象学的考察

物である。第二の直観の対象は「音」一般の本質,もしくは「空間的に延長する物」一般の形相(エイドス)である。フッサールが次のように述べているのはこの意味においてである。すなわち,「直接的に見るということは——ただ単に経験するものを感覚によって見ることばかりでなく,またどんな類のものであれ,原初的な付与意識(primordial dator consciousness)としての見ること一般は——すべての理性的判断を正当化する究極の源泉である」[13]と。そしてフッサールは別のコンテキストにおいて,知覚された現実に据えられる確信を「原初的信」(*Urdoxa*)と呼び,科学のそれを含むすべての抽象概念が依拠する基礎であると言う[14]。

わたしたちの認識態度におけるラディカルな転換,すなわち現象学的還元のおかげで,この外的な現実およびその本質的な特性は哲学者によって追求されるべき基礎にはなり得ないということにわたしたちは気付かされる。「事柄の核心」とはこの外的な現実ではなく,むしろその現実がわたしにとってリアルになることによって意識が獲得するものである。そのため「原初的信」は揺り動かされる。いまや何か他のものがいっそう根本的なように思われる。つまり「或る対象である(being-an-object)ということが,現象学的に言うならば,或るものが現れている,もしくは或る対象として考えられるという,ある種の行為に基づいていることが絶対的に確実である」[15]。換言すると,いま発見された確かな根拠は,現象学的に考えられた意識によって形成されたのである。フッサールはこの根拠を「認識論的に,絶対的な確実性の第一の領域」[16]として特徴づけている。

しかしながらこれが〔彼の〕最終的な主張ではない。なぜなら心的内面性(psychical interiority)は——たとえそれが

3. 還元的 - 弁証法的哲学としての現象学

自然主義的な誤謬とは無縁であるとしても——依然として超越論的な意識、つまりそれ自身のうちで、活動的な生のうちで、心的な現実をも含めたあらゆる現実を構成する超越論的な主観性ではないからである。いまや・この・意識の生が「事柄の核心」、つまりすべての絶対確実な知識の揺ぎない基礎のように思われる。ここで知覚される重要なものは、超越論的な自己経験によって、それがそれ自体に対して現れるような超越論的な意識の流れである。

このようにすべての構成する生命の領域へと導く方法は、もはや現象学的な反省ではなく、むしろそれよりも遥かに強力な行為、すなわち超越論的-現象学的還元である。したがって現象学者によって追求される目的においても変化が生じる。超越論的現象学者に課せられる仕事は「この主観性を、その遂行において、つまりその——超越論的な——自覚的な生において、またそれ自身のうちに存在の意味としての世界を〈生じさせる〉ある種の方法において指摘し、かつ、提示することである。新たに発明することや神話的に構想することは彼の仕事ではない」[17]。

こうしたことでえ、すべてではない。具体的な「意識の流れ」や思考の流れはそれとして捉えられ得るものではなく、また「提示される」ことも記述されることもできない。フッサールはこの点をフライブルクでの就任講演で明確に断言している。実際の意識というものはヘラクレイトスの流れに酷似している。つまりその「波」は流動的で不安定な特性のゆえに決して捕らえることができない。ただ意識の一般的な構造のみが、つまりそのア・プリオリな形式のみが明らかにされ得る。現象学が心理学ではなく、また意識の内省的心理学でさえないのはそのためである。現象学と心理学の

第1講義 意識の現象学的考察

関係は,より正確に言うと幾何学と地理学との関係に同じである[18]。当然のことながらこの点について人は自ら次のように問うであろう。理性の幾何学的実体はどの程度まで知覚され得る対象であるのか,また一般的構造は「自己に所与のもの」(self-given) と同一であるのかどうか,そして法則とのア・プリオリな一致が「事柄それ自体」と呼ばれ得るのか,と。

このような短く,おそらく不十分でさえある素描からも一つのことが明確にされなければならない[19]。フッサールの現象学は直観の哲学として現れた。しかしそれと同時に,何か不思議なことが起こっている。彼にとって直観の「本質」は,「何によって」よりも繰り返し興味を引き起こさなくなっており,つまり quod (本質) は quo (何によって) よりも関心が失われているように思われる。初めは単純に「所与」と思われているすべてのものが,後に新たな還元的反省に基づいて何か他の「所与」の産物として開花する。しかしこの「他のもの」が今度はまた他のいっそうラディカルな還元のうちで相対化されている。

フッサールの現象学における還元という特性は,不思議なことに直観的特性とは矛盾するように思われる。しかしながらこれは基本的に驚くべきことではない。なぜなら還元の特性と結果,およびそれらがお互いのうちに自分自身の基礎をもつという事実は,明らかに弁証法的な特性を示しているからである[20]。まさにこのような弁証法がフッサールの哲学にとって特徴的であると言わねばならない[21]。

概して弁証法的な思考において直観の果たす役割は極めて小さいということはよく知られている。ここではフィヒテとヘーゲルの例を挙げるだけで十分であろう。確かに直観はま

3. 還元的 - 弁証法的哲学としての現象学

さに反省の出発点を与えはするが，しかしこの出発点はただちに相対化され，「否定」される。フッサールはこれら二つの思考方式——直観的思考と弁証法的思考——とをすばらしい総合へと統一するために大胆な取り組みをした。だが彼がそれに成功したのかどうかはまったく定かではない。人が彼の著作のなかへいっそう深く入り込んでいくと，或る困難に気付くことになるであろう。その困難こそ，ここでわたしたちが考察しなければならないものである。

フッサールによると，直観とは洞察を目指す精神の，究極的な「充足」に等しい。いまや適切にその対象を観照することができる意識は，満足して平穏の内に安らぐ。直観のおかげで「指示的な」知識は，「満たされた意識」(*Erfüllungsbewusztsein*)に変えられる。それは単に予感しているだけの状態から，与えられた内容を把握するものとなる。直観のおかげで初めはぼんやりとした地平の意識であったものが「事柄それ自体」の観照となる。換言するとフッサールの哲学における直観の役割は，スコラ学における人間の行為(*actus humanus*)の「安息」(*quietatio*)に似ている。またそのようなものとして，フッサールによると知覚する直観の第一次的な対象であるもの，すなわち空間的に延長する物についての，彼の入念にして的確で，かつ忠実な叙述もよく知られている。

それにも関わらず超越論的現象学の還元的な特性は，わたしたちが事物の光景に屈服しないことを要求する。なぜならこれは「自然的態度」に服従することを意味するからである。事物や生物，そして人物に——要約すると世界に——触れて驚嘆したり，感嘆したりするときに，なかなか消えない素朴な印象は，現象学的還元によって克服されなければなら

第1講義　意識の現象学的考察

ない。わたしたちは禁欲のわざを通して或る新たな領域，つまりその有意味なノエシスとノエマを伴う心的意識の領域への戸口を発見する。こうした心的な態度は，わたしたちの内的観想という行為を通してさらにわたしたち自身を深める分野にもなるであろう。そうはいってもわたしたちは再度それから自分自身を切り離さなければならない。というのは，わたしたちが教えられたところによると，その「内的世界」の存在は，「外的世界」の存在がそうであるのと同じように，超越論的主観性の成果に基づいているからである。しかし超越論的な自己経験そのものは記述され得ないので，わたしたちに可能なことのすべては，それのア・プリオリな構造を見つけることだけである。

そうすると洞察への願望が直観を通して最終的に充足すると考えている現象学者は，再び失望に遭遇する。彼はセルバンテスの有名な物語〔『ドン・キホーテ』〕で，王様と呼ばれたサンチョ・パンサに似ている。サンチョにはもっとも豪華な食事が差し出されたが，彼がそれらに手をつけようとするやいなや，侍医が歩みでてその食事は不健康だから片付けるように命じたのであった。

フッサールの思想全体に行き渡っている内的緊張は，「無関心な観察者」という考え方のなかに明瞭に現れている[22]。よく知られているように，フッサールは超越論的-現象学的還元が完遂された後にも残る自我と，注意深く世界を見つつもそれに全く関心を示さない観察者とを比較している。なぜ「無関心な観察者」という考えはそれほどまでに不十分なのだろうか。メルロ゠ポンティのような実存論的現象学の信奉者は次のように言うであろう。すなわち，そうした観察者はいかなる個人的な観点や展望，または地平もなしに世界を見

16

3. 還元的 - 弁証法的哲学としての現象学

渡さなければならない，と。そしてさらに彼は，そのように「すべてを見渡す観察」の根本原理は，わたしたちのあらゆる知覚経験とは相反するものであると付け加えるであろう。そうした架空の観察者は世界の上を漂っており，世界のなかに生きてはいないだろう。

おそらくわたしたちはさらに先へ進まねばならない。わたしたちの考えでは，「無関心な観察者」という概念は自己矛盾を含んでいることが明らかである。何らかの物を注意深く観察する者は，まさにその事実からしてその物に興味をもっている。実際のところ興味とは，観察者が観察者であるための特徴なのである。ここでは狙った鹿を見ている猟師や我が子の行動を見守る母親，そしてワールド・シリーズで試合を観ている観客などを挙げることができるだろう。科学的な観察者も同様に，その専門的な関心を呼び起こすものを熱心に注目して見る。総じてわたしたちは，まったく興味をもたないものに対しては気付くことすらないのである。

当のこの矛盾はフッサール自身のテキストからも見出される。一方でわたしたちが教えられることは，超越論的な観察者は世界や世間的（worldly）な事物に「没頭しない」。つまり彼は自分自身をそれらから引き離し，それらと積極的な関わりをもたない状態を保っている。他方で超越論的な観察者は世界を「見て」，さらに「的確に記述」しなければならない[23]。注意して何ものかを見ること，そしてそれを的確に記述することは，必ずある種の努力が求められる関与である。加えてもう一度，なぜ自我はまったく関心のない世界を見ようとするのかを問わねばならない。

ここで出発点に立ち帰り，こう問うてみよう。世間的な事物がそれほどまでに魅力的で見るべき価値をもち，わたした

第 1 講義　意識の現象学的考察

ちの観照に豊かな糧を与えるなら，なぜわたしたちはそれらから自分自身を引き離すべきなのか，と。世界がわたしたちの知覚的探求の可能な領域であるのに，なぜわたしたちは「世界を括弧に入れて」それに「何もないという指標(インデックス)」を与え，その実在に「判断停止」を遂行しなければならないのか。上述した比喩を再び用いるならば，サンチョ・パンサにその食事が健康的ではないと忠告し，それを片付けるように指示する侍医は誰に似ているだろうか。フッサールはわたしたちを不確実なものに留まらせはしない。この無情な侍医は哲学者フッサールであり，彼はただ疑いの余地なく確かな洞察 (apodictically certain insights) のみを哲学的および科学的認識の妥当な基礎として用いることを認めるのである。それはあらゆる認識の揺ぎ無い根拠の探求であり，フッサールが素朴にも世界の光景に屈することを妨げている。「厳密な学問としての哲学の探求」[24]はフッサールの弁証法全体の推進力である。わたしたちが「事柄の核心」と呼んだものは，フッサールにとっては考えられる限りですべての疑いから自由である事柄に一致する。このことはフッサールの著作全体からも明らかである。

　二つの傾向——与えられるものへの確信と，疑いの余地なく確かな認識へのデカルト的探求——は，フッサールの哲学においては完全な調和に至らなかった。アルフォンス・ドゥ・ヴァーレンがこの点を明確に指摘している[25]。一方でわたしたちは，「直接的に見るということは——ただ単に経験するものを感覚によって見ることばかりでなく，またどんな類のものであれ，原初的な付与意識としての見ること一般は——すべての理性的判断を正当化する究極の源泉である」と教わった。しかし他方でわたしたちは，世界の実在に関し

3. 還元的 - 弁証法的哲学としての現象学

て次のように教えられた。すなわち「個別的に経験されるものが単なる感覚的な仮象としてその価値を失うことがあるだけでなく，その都度全体的で，統一的に見渡すことができる経験の連関もまた，幻想であることが，つまり筋が通った夢であることが明らかになることもある」[26] と。

ここでは論理的な矛盾以上のことが含まれている。難問の源はいっそう深いところに横たわっている。フッサールの弁証法がなぜ彼の直観についての学説とほとんど一致しないのかを問うならば，その答えは次のようである。彼の弁証法は直観に源を発するものではないからである。まったくその反対である。〔彼の哲学における〕直観という特性は，わたしたちにそれ自身を現前させるもの（itself present）をまったき真剣さをもって受け入れることを要求する。空間的に延長するものは——かつてフッサールはその解説に五回もの講義を費やした[27]——もっとも現実的な存在である。わたしたちの知覚に対してそれ自身を現前させるものはわたしたちの「原初的信」（primodial faith）の対象であって，わたしたちの実際的および可能的経験の領域，つまりそれ自身の領域である世界は，わたしたちにそれが単なる夢という現象であるとははっきり教えないのである。デカルト的哲学者や認識論学者，そして厳密に科学的な哲学の創始者は，わたしたちにとって自明の現実であったものを単なる現象と見なすことを要求し，当初わたしたちが信頼していたものに疑念を抱き，そしてわたしたち自身の力によって「原初的信」に動揺を引き起こすことさえ要求する。

またこの問題に関しては，ヘーゲルが『精神現象学』において用いた弁証法とフッサールを比較することができるだろう。するとこの比較考察は興味深い発見にたどり着く。ヘー

ゲルにおいても同様に，事物を「括弧に入れる」という新たな行為が繰り返し問題にされる。しかしここではそれを遂行する必要性が，意識に含まれる経験そのものから生じている。たとえば「感覚的確信」(*sinnliche Gewiszheit*) そのものは，結局はそれが「知識」(*Wissen*) ではないという発見になる。知覚は完全に行き詰まり，それは精神の無条件的な一般的知識といういっそう高い次元へ止揚しなければならない[28]。つまりわたしたちがフッサールの還元との関わりにおいて登場させた二人の人物——サンチョ・パンサと侍医——はヘーゲルにとっては同一人物であり，食事をする者自身が食べ物のなかに不健康なものを発見し，自ら食生活を変えるように強いるのである。

わたしたちはこのことから現象学的哲学者にとって有意義な手掛かりを見出すことはできないだろうか。

4. 志向性の哲学としての現象学

現象学的哲学における第三の特性は志向性の理念である。このことは難なく容認されるであろう。なぜならフッサールは志向性を「一般的な現象学的構造の包括的な論題」として特徴づけており，彼は志向性を「現象学の主要論題」と呼んでいるからである[29]。その他の現象学者たちもまた，志向性の理念を異なる名称の下であったり有意義な修正を加えたりしながらも継承してきた。

フッサールが意識の指示的な (referential) 特性を，初めて言語現象との関連において発見したことはよく知られている。「わたしたちの関心やわたしたちの志向，そしてわたしたちが（言葉として）意味するものは——もっぱら或る意味

4. 志向性の哲学としての現象学

付与の行為において指示された事柄へと向けられている」[30]と彼が宣言したとき，ヨーロッパの思想は新たな時代を迎えた。他の著者たちは[31]ブレンターノによって提唱された志向性の理念を，フッサールがこの点についてどのように修正したのかを入念に吟味した。意識によって志向的に意図された事柄は，フッサールによると，或る特殊な仕方で評価され，理解される。それによってその事柄に特定の意味が与えられる。たとえばわたしたちは聴覚的な刺激を聴くのではなく，鳥のさえずりを聴くのである。そのため志向性は常に対象化するという特質をもっている。ここから次のことが導き出される。すなわち志向されること，つまりわたしの知覚，わたしの想像，そして思考あるいは欲望の対象となることと，〔その対象が〕わたしにとって現にあること（to be-for-me）は，フッサールにとっては同一の事物の異なる表現なのである。

当然のことながら志向性の理念はフッサールが「純粋現象学」から「超越論的現象学」へと移行する際に一定の変化を被った。初期の思想において彼は，知覚に知覚されるものが一致し，目指すことに目指されるものが，認識することに認識されるものが，――より一般的な表現を用いれば，意味をもったノエマが意味付与であるノエシスと一致する，という理解をもって相関関係を規定するに留まっていた。しかしながら彼は後になって，「構成すること」と「構成されること」を問題にしたのであった。考えられたもの，つまり思惟対象は思惟から生じる。また，志向的な作用あるいは機能とは，志向されるものを生じさせる作用または機能であって，ある意味でそのことはそれぞれの存在論的な領域に分けて規定されなければならない。ここではあの「構成」という多くの場

所で議論の的となる問題には深入りせずにおくとしよう。

わたしたちはより単純ではあるものの、いっそう根本的な重要性をもつもう一つの問いに眼を向けなければならない。フッサールは志向性を「〔何か〕に立ち向かっていくこと」(turning-to)[32]、「〔何か〕に関係すること」(being-involved in)[33]、そして「方向づけられていること」(being oriented to)[34]と叙述している。同時に彼がこれらの表現を、超越論的-現象学的還元を遂行した後にも用いていることを記しておこう。しかしフッサールは、どのようにして意識が事物へと自分自身を向かわせたり、方向づけたりすることが生じるのかは説明していない。なぜ意識は存在しないものへと、（換言すれば、まだないもの、あるいはもはやないものへと）向かっていくのか。サルトルが述べているように、いったいどこから「ではない」(not)という小さな言葉が生じるのか[35]。この問題は志向性を意味付与として理解することによっては解決されない。それどころか、もしも意識自身がすべての理解可能な意味の源泉であるとしたら、なぜそれはあまり意味がないものを「目標とする」のか。なぜ意識は無意味なものとの関係に入っていくのだろうか。

それと同じ難問は、異なる観点から取り組むことも可能である。わたしたちはここでドゥ・ヴァーレンの考え[36]を——ラディカルにしてではあるが——用いてみよう。ドゥ・ヴァーレンや、もっとも実存主義的な現象学者に従うと、意識とは本質的に「自分自身の外へ出ること」または「外に立つこと」(ex-istence)であると言うことができる[37]。もしもそれが正しいとすれば、意識の本性は「開放性」である[38]。するとわたしたちは「立ち向かうこと」、「それ自身を向けること」、そして「指示すること」といった表現を十分に理解

することができるだろう。しかしそれと同時にわたしたちは，意識とは「純粋に考察すると，それ自身には閉ざされた存在連関として理解されなければならず——何ものもその中へ入り込むことはできないし，また何ものもそこから抜け出ることもできない」[39]という言葉を支持することができなくなる。そしてそれでもなおわたしたちがそれを述べるのであれば，わたしたちは「本質的な多義性」という相応な批判にさらされることになる[40]。

他方では，実存論的‒現象学的視点は最終的な結論とは見なされ得ない。なぜなら再び問うが，なぜ人間の実存は本質的に，人間ではない何ものかに「向かって際立つもの」（standing out toward）であるのか。あるいは異なる表現を用いれば，もしも人間が「自然の光」であるとすれば，なぜ闇の中へと入り込むのか。もしも人間が，そして人間だけが，あらゆる可能な意味の使者であるとすれば，なぜ人間は意味の無いものを「目標とする」のだろうか。この問題に対する答えが与えられねばならない。そしてその答えは，実存論的現象学の価値ある諸成果をすべて用いるが，同時にそれらを完全なものとする。

5. 発生の哲学としての現象学

現象学における第四の特性は，わたしたちの考えでは，それが現象の根拠と存在への到来（coming-to-be）に関する問題を扱う哲学であるという点で成り立つ。現象学は本性的に，現象の起源を明らかにすることを望むのである。この意味では，わたしたちはそれが発生へと志向する哲学であると言うことができる。こうした特徴は，現象学のまさに出発点

第1講義　意識の現象学的考察

からしてそうであった。フッサールは早くも1891年の『算術の哲学』において単一性や多数性，そして数といった観念が基づく基礎を吟味した。そして後のフッサールは「普遍的発生」[41]や，現象の「歴史」に対する志向の関係[42]などを議論した。

その他の偉大な現象学者についても同様のことが言えるであろう。マックス・シェーラーは価値意識および道徳意識の起源を解明しようと試みている[43]。わたしたちはマルティン・ハイデガーによる著作の多くの表題から，彼がどれほど事物の「根拠」と「起源」に大きな関心をもっていたのかを知ることができる。ジャン＝ポール・サルトルは非実在（negation）の起源を明らかにしようとする[44]。モーリス・メルロ＝ポンティは「理性の条件」を，すなわち人間の理性を可能にするような，前‒理性的次元を解明することを彼自身の主要な課題と見なすのである。

今日の現象学者たちもまた，現象の起源に大きな関心を抱いている。彼らが他の現代的な思想潮流を代表する者たちとの議論を始める際にはいつでもこのことが明瞭になる。たとえば，論理実証主義者は非常な明晰さをもって，特定の科学的命題の構造を考察する。言語学的な分析をする者は，緻密に言語行為の特定の類型を考察する。しかし現象学者は科学的な判断や，総じて言語表現がいかにして生じるのかを問う権利を主張する。現象学者のこうした関心は，その他の者たちがもつ関心とは大きく異なっているので，頻繁に生じる誤解の原因となる。

だが，話をフッサールに戻してみよう。彼は現象の起源と発生の探究がいかにしてなされるべきであると言うのだろうか。それに対する基礎的な解答は，志向性の分析によってで

5. 発生の哲学としての現象学

ある。この考察の出発点と指針は志向の対象である。ここで問われている問題は、或る存在が、そのわたしにとって対象であること (being-an-object-for-me) を、どのような志向的作用や機能に負っているのかということである。たとえば「一通の妻からの手紙」のような対象であるが、或る存在としての対象の妥当性は、知覚のどのような作用——それらに記憶と情緒的期待が基づいている——とに一致するのかということである。したがって、このことが志向性の分析を通して見出されねばならない。

超越論的現象学では、同じような方法が超越論的意識のなかで世間的な存在を「構成する」過程の考察に用いられる。どのようなコギト (cogito) から、つまり相互に結びつき、相互に依存する一連のコギトから、思惟対象 (cogitatum) が生じたのか。これらのコギトは、それらがこの、もしくはあの種類の対象を構成することが可能であるためには、どのような構造をもっていなければならないのか。それが超越論的な視点の枠組みのなかで生じる問いである。この点についてフッサールは、「超越論的構成」の過程を、普遍的な理論としてまとめ上げようとしたのである[45]。

そのため超越論的な対象は、いかなる場合においても出発点であり、そしてわたしたちをその起源へ連れ戻すという必然的な指示を含んでいる。しかしわたしたちはどのようにしてこの道を進んでゆけばよいのか。ここでもまた、フッサールはわたしたちを不確実なものに留まらせはしない。「必然的に出発点はその都度〈真っ直ぐ目前に〉与えられる対象である。そこから反省はその時の意識の様式にさかのぼり、そしてその様式のなかで地平として含まれる意識の潜在的な仕方にさかのぼる。そして、さらにその対象がそのほかに同一

25

のものとして志向される仕方へとさかのぼる」[46]。

 例を挙げてみよう。たとえばわたしが知覚している間は，その知覚されるもの——たとえば書棚——と「共に」生きている。わたしは反省の作用を通して，書棚がわたしにとっての現実であることを負っている一連の知覚の作用と知覚の総合を取り戻す。さらに，わたしはその書棚を一面からのみ，わたしに向いている面からのみ見る。そのものには背面もあるという事実のほんやりとした意識は，わたしの知覚意識の「地平」に属している。新たな反省を通してわたしは，原則として，その書棚の周囲を歩き，その背面を見ることができるという事実を意識するようになる。それによってわたしは地平——知覚の地平そして実践的地平として——のうちに含まれていた可能性を「明らかにした」[47]。これらの説明はすべて妥当するように思われるだろう。

 しかしそれは本当に妥当であろうか。知覚している主体が自身の位置を変え，それによって物をあらゆる側面から見ることができるということが，物の知覚の「本質」に含まれるというのは真実であろうか。知覚する主体の身体は本質的に「自由に移動させられる感覚器官の総体」[48]なのだろうか。たとえば，すでに感覚の能力が完全に発達しているにも関わらず，まだ歩くことができないような幼い子供の場合はどうであろうか。そうした子供もまた，「原則として」，違う体勢をとることによってすべての物の他の側面を見る能力をもつのだろうか。明らかにそうではない。幼い子供は，わたしたちがちょうど月を見るがごとく，書棚を見るのである。そのため或る有名な児童心理学者は，適切にも次のように断言する。すなわち，歩行の能力は人間にとって独立するその途上で，そして当然のことながら空間的に延長する現実を独立し

5. 発生の哲学としての現象学

て踏査するための重要な段階である，と[49]。

わたしたちの反論は一見したところ，それほど重要ではないように思われるであろう。フッサールがそれに与えた解答は，全く疑う余地がない。子供であるということは——それについて彼が言おうとしたことは——依然として標準的な身体をもっていないことを意味するのであり，この意味では子供は未だに「変則的」である。フッサールは変則性が現実の構成のはずれた仕方にあらわれることを決して否定しなかった。彼はこの問題について広範囲に言及さえしたのである[50]。

しかしながら，この解答はすべての難問を取り除けてはいない。ここでは二つの問題が前面に押し出されてくる。すなわち，超越論的現象学者は，いかにして正常とはなにかを知るのか，また，いかにして変則的なものが存在することを知るのだろうか。

第一の問いは重要ではあるが，ひとまず暫定的に，わたしたちの考察の外においておくとしよう。子供であることは人間の一つのあり方なのではなくて，それが人間の標準からの逸脱，例外であることを受け入れるとしよう。それはわたしたち一人一人が通り過ぎてきた例外であり，一定の間は自由に動きまわることができない存在にとって特徴的な仕方で，自身を取り巻く空間的な世界を経験したのである。しかしわたしたちが最大限の努力をもって自身の幼少期を思い返したとしても，そうした想起はわたしたちにこの時期の知覚生活の様式を何も教えはしないだろう。わたしたちにとって父の書棚が背面をもっていなかったということを単純に示すことはできない。無力を感じ，場所から場所への移動に際して他者に頼らざるを得ないがゆえに生じる劣等感を思い出すこと

第 1 講義　意識の現象学的考察

もまたできない。だが，もろもろの幼少期の経験が今日のわたしたちの志向的生活にとって重要であることはあり得るだろう。そうした経験は層を形成し，いまではもう埋もれているとしても，それでいて他の構造物が基づく基礎であることはあり得るであろう。

　これらの比喩的な表現を取り除き，子供の経験もしくはそうした経験の層が「埋もれている」とわたしたちが言うとき，それはいったい何を意味しているだろうか。明らかにその表現は単純にそれらの経験の「忘却」の場合を指しているのではない。なぜならわたしたちが忘れてしまったものというのは，原則的に思い出すことができる対象だからである。しかし子供の特定の経験に対する関係は，たとえば或る時に名前を思い出すことができないといった場合とはまったく異なっている。ことによると幼少期の経験が「埋もれている」という事実は，わたしたちがそれらを「成長により消失した」ことを意味すると言うことができるだろう。新しい生活，別種類の生活が形成され，それがそれ以前のものに取って代わったのである。

　しかしながら，それがすべてではない。ひょっとするとその成長と消失は，単に世界を経験する特定の様式が放棄されたこと，つまり子供の意識における特定の構造が崩壊し，他のものに代わっただけということもあり得るであろう。ことによると「生産的崩壊」（productive disintegration）[51]が，成熟した意識の誕生には不可欠であったのかもしれない。もしもこれが真実であるならば，変化を伴わない発達はあり得ないことになり，そしてまた変化とは構造の変化を意味することになる。成人としてのわたしたちの知覚生活は，子供の知覚生活とは構造的に異なっている[52]。だが現在のわたしたち

5. 発生の哲学としての現象学

の知覚様式が，最初に本質的に相違した仕方で事物を知覚したという事実によってのみ，可能になったということもあり得る。

　ここで出発点の問いに立ち返ってみよう。哲学者はいかにして異常なものが存在することを知るのだろうか。いかにして自身が異常なものを前提していると知るのか。いかにして自身の意識生活がかつては異なる構造を示していたことを知るのか。わたしたちは否定的に，哲学者がこのことを反省によって知ることは決してない，と言うことができるであろう。いかなる反省も，わたしが生まれた直後の経験について教えてくれはしない。いかなる反省であろうとも，もしもわたしがサントニン薬を服用したら視覚的知覚がどう変化するかを予言できるようにはしない[53]。いかなる想像も，盲目になったら世界がわたしにとってどのように現れるのかを教えはしない[54]。他方で肯定的な解答も可能である。つまり異常なものは存在し，構造の変化はそれらから帰結する。そしてそれらがいかに世界の「構成」に関与するかを哲学者が知り得るのは特定の諸経験から，第一に他者についての特定の経験からのみである，と。

　しかしこれがすべてではない。わたしたちは次の可能性を考慮に入れなければならない。すなわち，以前の意識生活の段階もしくは地層の全体が「埋もれている」という事実からのみ，わたし自身の起源が説明され得るのではないか，という可能性である。もしもこれが真実であるならば，哲学者としてわたしはどうすればそれを知ることができるのか。わたしたちはこの問題に，わたしに対する他我（other Egos for me），そしてわたしに先んじていた他者の経験を通して一般的に答えねばならないであろう。

29

この点には後で再び戻ってくるとしよう。さしあたりわたしたちの分析から二つの結論——すなわち，一方は否定的で他方は肯定的な——を素描しておこう。否定的な立場からすると，フッサールは反省の範囲と重要性という点については，過大な期待をし過ぎたと言わざるを得ない。意識は完全に自己の反省的観察に対しては透明であると彼は想定した。彼はわたしたちに，「すべての経験は——知覚に対して開かれている」と説いている[55]。さらに彼が前提したことは，かつてわたしの意識のなかで存在したすべてのものは，それが後に異なる仕方で与えられるとしても，常にそこに留まり続けるということである[56]。

肯定的な側面では，わたしたちは次のことを言わねばならない。わたしたちが知り得る生命の全形式は，構築と破壊，同化と異化，統合と分裂を示すのであり，すでに述べたように，発達は深刻な変化——構造の修正を伴う変化——抜きには考えることができない，と。弁証法的哲学者はそのように断言することをためらわないであろう。しかし，なぜ現象学者はこの点について彼に従うことをためらうのだろうか。

6. 要約と結論

要　約

ここでわたしたちの批判的分析から学んだことを要約してみよう。現象学的に哲学することにとって重要な傾向は，四つの異なる項目の下に集約できることが判明した。同時にこれらの傾向は，互いにただ補足し合うだけではなく，ところどころで相反する目的をもつことが判明した。こうした理由から，現象学は——そしてとりわけフッサールの最初の現象

6. 要約と結論

学は——その輝かしい特性にも関わらず,多くの未解答の問題を残している。ここで現象学のなかから見出される内的緊張を挙げておくとしよう。

第一に,現象学は直観の哲学として現れる。しかし他方でそれは,直観によって与えられるものを相対化し,括弧にいれる哲学である。

第二に,還元の弁証法は,一連の認識論的仮定と一致する。しかしながらこれらの仮定は具体的に叙述されるものから導き出されるのではない。

第三に,志向性は「方向づけられること」そして「向かっていくこと」として特徴づけられる。他方で意識は閉じられた内在性,つまりモナド的内面性によって叙述される。

第四に,発生の哲学としての現象学は,意識となること(coming-to-be),そして意識の世界となることを叙述しようとする。他方でそれは,意識の全内容の不滅性という仮定と,意識の構造におけるア・プリオリな特性とに依存する。

結 論

これらはわたしたちが現象学的哲学者として意識を考察した結果である。わたしたちは数多くの困難の根源である四重の板ばさみに直面していることを認めなければならない。そしてわたしたち自身に次のように問わねばならいと感じる。すなわち,何がなされなければならないのか。わたしたちが叙述した問題は超克できないものであるのか。この板ばさみを,妥協的折衷や虚偽の解答によってではなく,哲学的に十全な方法によって取り除くことは可能であるのか。現象学的哲学は現象学的であり続けることができるのか。換言すると,フッサールや他の偉大な現象学者たちの主要な関心は,

第1講義　意識の現象学的考察

上述した矛盾に乗り上げる危険を冒すことなくその探求，探査，そして反省の推進力であり続けることができるのだろうか。

その答えは次のようである。すなわち，それは可能ではあるが，ラディカルな改造という犠牲を払うことによってのみである。もしもわたしたちが与えた意味における不毛な「スコラ主義」を回避しようと望むならば，深く根付いた二つの先入見を放棄しなければならないだろう。わたしたちは現象学が自我論（ego-logy）から出発してはいけないということ，そして第二に，反省がその主要な方法論にはなり得ないということに気付かねばならない。換言すれば，現象学は思考の独白的様式を断念しなければならないであろう。

この現象学的思考の修正の要求には二つの重大な理由がある。第一は，自我論として開始される哲学は必然的に唯我論（solipsism）に帰結する。わたしたちはこのことを次の章で示そうと試みる。第二の，そしてもっとも明白な理由は，まったく一人だけになって自己自身を映し出す自我をもって出発することは，現象学的な与件と対立するという事実である。というのは，もしもわたしたちがフッサールの方法論的要求に合致して，生じるものを単純に叙述しようとするならば，わたしたち一人一人が次のことを認めなければならないからである。すなわち，わたしが自我に目覚めるやいなや，わたしは自身に先立つ他我を発見するということである。たとえわたしがデカルトの例に従って，自室に閉じこもって孤独に哲学することに没頭するときでさえ，わたしはわたしの目の前に現れて哲学的反省に没頭している他の哲学者を見出す。たとえわたしが哲学的省察に没頭するときにまったく一人であっても，それにも関わらずこの反省は，何よりもまず

6. 要約と結論

わたしを哲学的に生きるようにする他の思想家との対話——あるいは批判的対話——なのである。当然のことながら，この事実は広範囲な関連をもつ。思い返してみると，他者の意識を通してのみ，わたしは生を意識するようになったということに気付くのである。

ひとたびこうした事態がわたしの実存の構造として，また存在の必然性として認められ，受け入れられると，上述した困難はもはや克服できないものではなくなる。

志向性という考え方から始めるとしよう。わたしの意識が志向的であるという主張は，それが他者を他者として構成することができるという意味ではなく——その表現が何を意味しようとも——わたしの意識が必然的に他者との関係をもち続けていることを意味する。どのような有限な意識でも，他の意識的な存在に依存しているがゆえに，この関係は必然的である。

またこのことは直観の問題にも光を注ぐ。いまや最初に知覚されるものは空間的に延長するもの，つまり道具や「純粋な本性」などではなく，他者である。このことは現象学の用語そのものが暗黙のうちに秘めている知恵からも知ることができる。「身体的所与」というのは，身体をもっている何かでしかありえないし，「信頼」関係はまずもって「汝」に関係する。そして「人格的な現前」とは，明らかにわたしにとってはそれ以上に直接的に存在するものはないような，自己の存在に関係する。どのような道具や物体であっても，どのような本性であっても，それらをわたしが知るのは他者の仲介によってである。この点は知覚から営まれる生活にも関連をもっている。「達成感の意識」が得られるのは，わた̇し̇た̇ち̇が現に〔それが実現されるのを〕見届けることによって

33

のみである。わたしだけが見ているものや，他の誰も見向きもしないものは，物ではなく「亡霊的な物」(phantom thing)である[57]。したがって人間の意識がもっている直観的な性格は，その社会的な性格と密接に結びついている。

　しかしこれですべてではない。他者がわたしを仲間に加える，他者がわたしについて論じる，他者がわたしを語るという事実によって，わたしは或る変化を経験する。わたしはもはや受動的でも，無力でも，無口でもない。わたしはその他者の相手や同僚として，自己自身の言葉を述べるものとして，わたしはもはやかつてあったのと同じわたしではない。そして，もしわたしが変わるのであれば，わたしを取り巻く世界のなかにも変化が生じる。たとえその他者がわたしにとってそれまでと同じではなくなったとしても，そうである。他者とわたしとの間に交わされる対話は，新たな段階に移行する。こうしてそこでは特徴的な諸段階をもつ弁証法が起こり，これらの段階は詳細な叙述を要求する。

　さて，上述の弁証法はさまざまな還元の遂行といかに異なるだろうか。その問いへの答えは明らかである。この弁証法──このわたし自身と他者との間での，そしてわたしとわたしの周囲世界との間での相互作用──は，もはや絶対的で孤独な意識としてのわたしによって運動するようにはならない。それどころか，わたしがそれを最初は受動的に経験するとしても，それは後にわたしに働きかけるものへの応答においてのみ起こってくる。最初わたしは働きかけられていたが，今度は働きかけることができる。最初わたしは愛されていたが，いまでは愛することができる。最初わたしは話しかけられていたが，いまは話すことができる。*cogitor*（わたしは思われた）は，*cogito*（わたしが思う）よりも先に生じる。

6. 要約と結論

なぜなら，繰り返すが，「汝」は「我」に先立つからである。

したがってわたしたちはこのもっとも根源的にして，もっとも一般的，そして必然的な存在論的状況から生じる弁証法は，認識論的に考えられた実験結果ではないということが分かる。それは取り組み方が恣意的に変わったとか，またはわたしが思いのままに成し遂げたりしなかったりできる行為ではない。それはいまのわたしであるところの存在と成るために，わたしが経験し，知覚し，そして体験しなければならなかったものに根を下ろしている。すると対話的弁証法は，自由と必然性とがわたしにとって同時に起きるところで生じる。それはわたしの運命について哲学的に反省することなのである。

最後に，発生／起源（genesis）という理念について述べておこう。この問題もまた，先に説明を与えたような観点から考察されねばならない。もしもわたしの意識が根源的には他者の意識によって呼び起こされるということが真実であるならば，その時にわたしたちは意識の生命は有限で変わりやすく，そして壊れやすいものであると言わねばならない。そうすると，*cogito*（わたしは思う）はそれだけで十分ではなく，〔他者に対する〕渇望（needy）となる。もしもこのことが受け入れられるならば，純粋に発生的な視点への余地が生じる。そこでは構築と破壊，構造の形成と崩壊，そして開花と枯死の問題が起こっている。したがって明らかにわたしの意識生活の発生は，それが他者の意識生活と織りあわされていることの洞察へ入っていかなければ叙述され得ない。そのため確かにこの発生は，上述の対話的弁証法が有する単なる一側面に過ぎないのである。

35

第1講義　意識の現象学的考察

対話的現象学の役割

　ここまで簡略に素描したこのような考え方は，新たな一連の問いを呼び起こす。わたしたちがこれまでついでに言及した主題のいくつかは，続く講義で考察されるであろう。しかしながら，ここで説明を要する疑問が一つ存在する。まさに現象学に親しむものであれば，次のように問うであろう。もしも哲学をするその出発点がもはやわたしの自我の内在性ではないとしたら，もしもこの自我の意識生活が絶対ではないとしたら，もしもその手法がもはや──少なくとも，もはや第一に──それ自身の経験を反省することではないとしたら，そのときにはいかなる権利をもってこの哲学が現象学と呼ばれるのか，と。

　その答えはすでに述べた考察のなかにある程度は用意されている。対話的現象学が多くの点で「古典的」現象学とは異なるであろうことは事実である。しかしながら，それの主要な主題はほとんど損なわれることなく維持される。それは1933年にオイゲン・フィンクがフッサールの承認を得て公式化したのと同様である[58]。現象学の根本的な問いは，世界の起源についてであり，またそうあり続ける[59]。

　対話的現象学の役割は，わたしと他者との間での対話のなかで，世界がいかにしてわたしたちに対して立ち現れてくるのかを叙述することである。さらにそれは，こうした対話の転換点と，それによって起こる世界の変化をも問題にするであろう。それは人間存在のドラマを無視することはない。対話的現象学がこうした役割を果たすことができるのは，それが他者を経験のもっとも根源的な所与として受け入れ，それによってもっとも重要な帰結を引き出そうとするからである。そのためそれは有限性の哲学として姿をあらわす。

第2講義
フッサールの哲学における「世界」の概念

1. はじめに　問題点

　前の講義の終わりに,「対話的現象学は他者を経験のもっとも根源的な所与として受け入れる」と述べた。わかりきったことは,それを記述し,その中心的所与を取り巻くすべてのものを配列するという独特な経験の分析へとただちに移っていくことになる。ところが哲学的な観点からすると,わかりきったことを実行するというのは,安易な方法を選択することにもなり得る。わたしたちの場合,もしもそうした道を進んでいくとすれば,二つの困難を見落とすことになるであろう。その一方はわたしたちの分析の内容に関するものであり,他方は方法論的な困難である。

　内容に関して言えば,たとえわたしたちが人を他我(the other Ego)と見なさないとしても,他者は我に対する他者であると気付くことが重要である。そして我とは誰なのだろうか。デカルトが有名な『省察』を著して以降,近現代の哲学者たちはその問題を問うことをやめていない。その問いに対してフッサールは次のように答える。すなわち我とは「すべてを見出す主観であり,まさにすべての客観に対して,つまり世界全体に対する主観である」と[1]。メルロ＝ポンティ

第 2 講義　フッサールの哲学における「世界」の概念

は,「我とは現実世界の位置状況（worldly situations）における唯一の中心である」と宣言する[2]。そしてサルトルは世界に対する人間の関係を，彼が哲学するための具体的な出発点として理解する[3]。すると「我とはなにか」という問いに対する現象学者たちの答えは，世界に対する何らかの関係を含んでいると言うことができる。しかしそうした解答は，「世界」という言葉によって何が意味されているのかをわたしたちが理解しない限りは無意味なものであり続ける。

　方法論的な困難は，このことすべてと関係している。哲学的な経験を有する者なら誰もが知っていることであるが，すべてではないにしても多くのことが，一つの問いが定式化されるその仕方に依存している。したがってここでは,「世界」の概念が，否定的あるいは肯定的な観点からも，決定的な役割を果たしている。たとえばわたしたちはレーヴィットに従って「世界」もしくは「周囲世界」（Umwelt）から出発して，これらの概念からわたしの隣人としての他者の役割に関する結論を導き出さなければならないのだろうか[4]。またはビンスワンガーが述べているように，汝と我の親密な一体感が生じるのは，多くの心配事に囚われている人間の世界とはまったく異なる特殊な世界においてである，というのは真実であるのか[5]。またはフッサールがわたしの自我と他者の自我はモナドの超越論的な共同体の一部であり，そして「唯一の」（the）世界はその集合体の超越論的な生命のなかで構成されると主張するのは正しいのだろうか。そして最後に,「わたしと他者との間での対話のなかで，世界がわたしたちに対して立ち現れてくる」というわたしたちの主張は何を意味するのか[6]。そのため一人の著者が「世界」という用語を用いるときには，その著者がいったい何を意味しているのか

を再度確かめる必要がある。

現象学的哲学者たちは、まさに彼らの思考の中心であるその〔世界という〕観念を注意深く定義すると信じられているかもしれない。しかしそれは真実ではない。むしろ主要な現象学者たち——たとえばシェーラー、サルトル、メルロ＝ポンティ、あるいはハイデガー——は、それぞれが多少なりとも異なる意味で「世界」という語を用いているという印象を受ける。しかしながらここでは、フッサールと彼の世界に関する考えだけに制限することにしよう。

2.「世界」の三つの概念

実際のところフッサールは、「世界」という語によって理解されるものをいくつかのまったく異なる仕方で叙述している。もしもわたしたちが、フッサールによって明示的に定義されたり、あるいは非明示的に含意されたりしたすべての意味合いを示し、配列し、そして比較しようとするならば、入念な体系的考察が必要となるであろう。しかしわたしたちは三つの本質的に異なる「世界」の観念を比較するだけに留めておこう。

A. わたしたちにとっての存在の全体性

第一に、フッサールは「世界」という用語によって、わたしにとっての、またはわたしたちにとっての存在の全体性を意味する。彼はレトリカルに尋ねる。「すべての存在は、具体的には規定されており、また規定できると考えられていても、本質的には存在の宇宙に、つまり一つの世界にあるのではないか」と[7]。こうした考え方によって、フッサール

第 2 講義　フッサールの哲学における「世界」の概念

は論理学者として，世界をすべての判断における基礎の全体と見なし，彼はそれを「存在するもの全体」(*Allseiende*)，または「何かである全体」(*All-etwas*) と呼んでいる[8]。彼が確信をもって語るところによれば，世界とは単に「事物の世界」(*Sachenwelt*) だけではなく，同様に「価値の世界」(*Wertewelt*)，「富の世界」(*Güterwelt*)，「実践の世界」(*praktische Welt*) でもあるのだ[9]。そしてわたしは還元を遂行した後に次の点に気付くであろう。「絶対的妥当性」(positive validity) が「集められた全体」(collective whole)[10] としてわたしに対して現れる同一の世界とは，現実においては志向の的と，構成された対象の総体である，と。

また，こうした思想はいかなる方法においてであれ，わたしにとっての現実性を獲得したすべてのものの秩序だった宇宙が世界であるという考え方にも一致する。当然のことながら，「わたしにとって」という言葉が重要である。フッサールが言うところの〔世界という〕語は，決して「事物の総体」，すなわち合理主義的な意味での宇宙ではない。世界という語は常に「わたしにとって」，「わたしたちにとって」，「モナドの共同体にとって」という意味を含んでおり，それは決して自体的に存在する事物の総体を意味するのではない[11]。したがって世界という概念にとっては，一人もしくはもっと多くの主観と関わることが本質的である。

B. 構造化された現実

フッサールがもはや世界を「何かである全体」としてではなく，構造化された全体と見なす際には，わたしたちは第二の世界概念に遭遇する。そこでは「世界は事物の集積ではない」という彼の否定的な宣言に，「実際に存在するものとし

2. 「世界」の三つの概念

ての世界そのものの構造」の研究という積極的な要請が対応している[12]。そしてフッサールはこう付け加える。「存在に関する個別的なものの確信がどれほど変化しようとも、──真正な現実から、実質のない見せかけや似たものに至るまで──常に存在している世界は、やはりその普遍的に妥当な構造形態に留まり続けるだろう」と[13]。

たったいまわたしたちが言及した構造という概念もまた、フッサールが行う「周囲世界」(surrounding world) と「世界」(world) の間での区別──シェーラーはその区別をまったく異なる基準によって基礎づける──を正当化する[14]。常に予め与えられているもの、わたしたちが「そのなかで」生き、行為し、価値を決定し、または励むものとは、正確に表現すると、それは「周囲世界」であって「世界」ではない。「周囲世界」とは、具体的なわたしたちの経験の領域、歴史的および社会的な関連において特定の性格をもつ生活共同体、そしてその構成員が互いに理解し合うことができる共同体に相当する[15]。わたしたちはこの周囲世界から、「〈共有され〉、あるいは自給自足的な生命共同体（あるいは分離した人間のグループ集団）の〈周囲世界〉すべてに浸透している、絶対的に客観的な世界-構造──この構造をすべての人が理解できるし、人々が少なくともお互いに存在できるためには理解可能でなければならない──を」[16] を厳格に区別しなければならない。

一見するとこの世界概念の相違は、それ以前に他の思想家が説いたものとそれほど大きく隔たるものではないように思われるだろう。前者が全体性について語ったところで、後者は構造化された全体性について語っていると言うこともできる。しかしこうした説明では十分ではないように思われる。

第2講義　フッサールの哲学における「世界」の概念

なぜならそれは経験する主観の確信が変化すると，その結果として真正な現実が空虚な見せかけにもなり得るという可能性を考慮に入れていないからである。よく知られているように，フッサールはその可能性を考察し，それを究極的な帰結にまで追求した。つまり経験におけるすべての総体は，脈絡のある夢としてもそれ自身を開示し得るのである[17]。しかしながら，もしも対象の現実性がそうしたラディカルな変化を被り得るのであれば，世界としての世界は，いかなる革命が起ころうともそれ自身を保持しようとするであろう。そうすると，わたしたちは次のように結論するように強いられる。すなわち，わたしたちがいま語っている世界とは，わたしにとって，そしてわたしたちにとって，その時々に現実性を有する世間的な対象からは本質的に独立していなければならない，と。したがってその世界は，もはや事物，価値，そして富の世界ではなく，それは一つの構造であり，構造以外の何ものでもない。というのも，経験された内容のなかで変化が起きようとも，経験の構造は同一であり続けることをフッサールは自明なことと考えているからである。

この第二の意味において，フッサールは世界を「あらゆる人間に対して妥当する，同一の構造」と呼ぶ[18]。そして彼は『イデーン』のなかで次のように語る。「ぼんやりとした無規定性という虚ろな霧が，直観の可能性もしくは蓋然性に多く現れるようになり，それによってただ世界の〈形式〉だけが，まさに〈世界〉としてその下図が描かれている」と[19]。こうしてわたしたちは世界の形式的な概念を，第一に言及したところの実質的な概念から区別しなければならない。これら二つの概念は弁証法的に結びついてはいるものの，第一のものは第二のものと本質的に異なるのである。

2. 「世界」の三つの概念

C. すべての経験する志向の地平

またフッサールは世界を第三の、まったく異なる仕方で叙述する。フッサールは数多くの発表されたものや未発表の記述において、「世界」とはすべての経験する志向の地平であること、実際に世界がすべての志向一般の地平であることを示している。後者の意味でフッサールは次のように断言する。「妥当性の地平、存在するとされる世界は、そのつど相対的に規定されて取り出されるものを絶えず超えている」[20]と。

この「世界」の概念はフッサールの主要な後継者や解説者によって、彼の哲学する手法にもっとも特徴的なものと見なされている。たとえばオイゲン・フィンクは「現象学的な分析の導入をもって……普遍的な地平である〈世界〉が崩壊する」と述べている[21]。ルートヴィヒ・ラントグレーベは、彼の師〔フッサール〕の概念を次のように解説する。「〈世界〉はその他の諸対象の一つではなく、むしろあらゆる経験の対象を包摂するもの、それぞれの個別的な経験の基礎である」と[22]。そしてハーマン・レオ・ヴァン・ブレダは未発表の論文において、フッサールの「世界」の概念を「普遍的な容器」になぞらえている[23]。

当然のことながらフッサールの〔世界についての〕考え方は、他の用語によっても表現され得るであろう。たとえば『イデーン』において世界は「自然的態度の一般定立」[24]として特徴づけられている。この表現が含意していることは、本当の一般定立は他の定立がそれに依拠していて、それらがそこから生じてくる「基盤」(ground)であるという意味では、他の定立とは本質的に異なっている。

そこでわたしたちは現象学者たちが「基盤」や「地平」と

第 2 講義　フッサールの哲学における「世界」の概念

言う際の,こうした比喩的な表現の哲学的意義を問題にしなければならない。

「基盤」としての世界

　最初の比喩は解釈するのに難はない。「基盤」とはすべてのものがそれに基づいてはいるが,それ自身としては何ら助力を必要としないものである。この意味では,考えられ得るすべての志向は或る世界への信頼から生じてくること,そして世界とはすべての志向の対象が基づく基盤であると言って良いだろう。これが含意していることは,志向的に認識されたり,目標とされたり,あるいは実践的に処理されたりするすべてのものは,「世界内のなにものか」としてすでに前もって気付かれている。同様に,それによってわたしたちが影響されたり刺激されたりするすべてのものは,わたしたちに影響したり刺激したりするものとして,世界の背景から際立っている。現に存在する世界への信頼があらゆる活動性や受動性の普遍的な基盤であるのはこのためである[25]。ところがわたしたちは,世界の基盤が「基盤」としては無二(ユニーク)であるという事実を見失ってはならない。すべてのものを支えているということは,それが絶対的に究極的な基礎であるということである。このことは他のいかなる基盤にも妥当しない。

　しかしながらフッサールはこのような考えを「基盤」の観念との関連において発展させるのではない。むしろ彼はそれを表現するためにもう一つの比喩である「地平」(horizon)を用いており,彼はこの概念を数多くのテキストにおいて明確にし,かつ,応用して発展させる。

2. 「世界」の三つの概念

「地平」の概念

ここで経験する志向(experiencing intention)について考えてみよう。それは最終的にはわたしたちを充足させる知識の類となるものである。フッサールの術語においてこれは,探求される事柄が「それ自身がそこに」在る仕方で,最終的にわたしに対して現前していることを意味する。そしてどうやらこのような経験をすでに有していた主観は,もはやそれ以上には探求を継続すべく更なる一歩を踏み出そうとはしないらしい。ところがその者は原則としては新たな問いを設定する可能性を,つまり同じものを新たに規定し直そうとする探求の目的のために,すでに与えられているものを超越する可能性をもってはいる。そのような超越の行為による帰結は,実際的な与件の核心の周囲に,新たに探求できるいわば同心的中心——それらはその一般的な様式についてのみ知られる——が形成されることである。たとえばわたしが一つの家具をじっとよく見るとしよう。だがわたしはその〔家具に使われている木材の〕木目に特徴的なパターンを見分けることはできない。わたしは自分がそれを知るためにはその対象にいっそう近づかなければならないことを知っているし,また,もしもその家具の他の側面を見たければ,わたしはその家具の周囲を回ってから再び見なければならない。「しなければならない」という言葉は,常に実際的な経験を超えて先に進む一歩を示している。それはフッサールが「内的地平」と呼んでいるのと同一の対象へと関わる可能性を予想する志向作用の「同心円」の一種である[26]。

もう一つの本質的な可能性は,わたしたちは最初に志向された対象を超越して,それ以外の対象を目標とすることができるということである。視覚においてわたしたちは,或る特

第2講義　フッサールの哲学における「世界」の概念

定の対象を見るが，その対象が置かれている部屋はぼんやりとした背景としてのみ現れている。しかしながら，何ものもそれに続く行為としてわたしがその部屋そのものを探求することを妨げはしない。同時にわたしたちは，ぼんやりとではあるがその特定の部屋が或る家のなかにあるという事実を知っているが，その家そのものと，その家のなかでのその部屋の位置は現在のわたしたちの意識の対象ではない。また，現にわたしたちはその部屋の正確な位置を規定するためにその家の見取り図を知ろうともしない。わたしたちはこのことを漠然とした予想の形でのみ意識しており，またそれでいてわたしたちは否が応でも常にそうした予想を行っている。それゆえわたしたちの精神に対して自らを現前させるぼんやりとした可能性もまた，与えられる対象の周囲に同心円を形成する。フッサールはこれらのすべてを「外的地平」と呼んでいる。

　過去と未来に関する時間の意識もまた，地平を形成する[27]。たとえばわたしはいまから一時間後に，明日に，あるいは明後日にわたしに対して何が起きるのかを知っていると考えるが，いまから一年後についてわたしが予期することに関しては，ぼんやりとした憶測のみをもち得るだけである。

　さらにフッサールは，歴史的地平[28]，価値論的および実践的地平にも言及している。（ハイデガーは彼の世界概念を発展させ，それに関連して「適所全体性」(*Bewandnisganzheiten*)への実践的な関係に依拠している箇所でフッサールの思想を発展させ，それに新たな形式を与えている)[29]。しかしながら，ここでは考えられ得る限りですべての現実世界の地平を列挙する必要はない。むしろ重要なことは，それらすべての地平が共通にもっているもの，そしてそれぞれにおいて地平意識

のすべての形式からいかなる本質的な特徴が明らかになるのかという問いである。

　フッサールによる数多くのテキストに基づいてこの問いに答えることは容易であろう。意識が特定の有意味な仕方において実際的な所与を超越するときにはいつでも地平が現れると言うことができる。たとえば意識とは次のような事実についての洞察である。すなわち，述語pとqはSに属していなければならないが，それと同時に，ことによると他の述語もまたSに属していることもあり得るという事実である。意識とは現在の意識であり，未来の予想である。それは「ここ」の意識であり，ぼんやりとした「そこ」の意識である。それは限定された連続の意識であり，また「〜など」という仕方によって「終わりなく」広がっていく連続の可能性についての意識でもある[30]。フッサールはしばしば「開かれた地平」について言及している。この開放性が意味することは，地平がわたしたちを実際に把握されたものを絶えず新たに超越するように誘うことである。それらすべての説明は一貫しており，曖昧さがなく明快な印象を与えるであろう。

3. 地平と世界

絶対的な地平

　まさしくそのような理由からして，わたしたちはフッサールが世界の地平を問題にする際にはそうした単純で明快な仕方では自らの考えを表現していないことに気付かざるを得ない。たとえば彼は，「未規定的な現実という曖昧に意識された地平」[31]，「未規定的な規定可能性の庭」[32]，「不透明性と不明瞭性の空漠な地平」[33]，「既知と未知のからみあった構

第2講義　フッサールの哲学における「世界」の概念

造」[34]などと言う。フッサールは流動する超越論的生命の本性を特徴づけようと試みている或る重要な断章のなかではこう述べている。この生命は，「それ自身に固有な生き生きとして，それでいて流動的で変わりやすい射程をもっている——それは厳密に制限されているわけではないが，それでも制限されており，また変化する仕方で制限されている」[35]と。

これらのテキストを読むと，人は「制限された無制限」や「未規定な規定」，「未知な既知」という一対になって現れた多くの矛盾に直面する。当然のことながらそこには明らかな「論理的な矛盾」が存在することは間違いない。フッサールはそうした明らかな矛盾を，いかなる説明も無視するもの，つまり世界の地平を叙述するために用いるのである。

このことだけでも世界の地平を単純に現実世界の地平（worldly horizons）と比べることができないことを示すのには十分であろう。なぜなら世界の地平は「全体的な地平」，「普遍的な地平」，「絶対的な地平」だからである。フッサールによれば，世界を除く「すべてのものは何ものかのなかにある」[36]。彼はこれらのテクニカルな表現によって何を意味しているのだろうか。上述したすべての現実世界の地平においては，規定されているものは比較的に未規定なものに対して際立っていた。たとえば志向されるのものはぼんやりと一緒に志向される（co-intended）ものに対して，また実際的なものは可能なものに対して際立っている。さらにいうと，志向と，それら志向に一致する地平意識の形式とは異なっていた。たとえば時間的な地平を空間的な地平から区別することは容易であった。

しかしながら「世界の地平」はすべてのこうした対立を架橋するのであり，またそれは二重の様相において遂行され

3. 地平と世界

る。一方で世界の地平はそれよりも遠い地点に新たな地平を形成することを許さない。なぜなら存在の全体性はもはや一緒に志向される存在への関係を含むことができないからである。他方でこの地平は究極的な事実である。そのためそれよりも遠くに可能性を投影することによってそれを超越することは不可能である。先に「基盤」との関連で述べられていたことが、ここでもまたそれと似た仕方で適用され得る。世間的な諸存在（worldly beings）とのすべての比較および関係は、世界の地平を前提している。そのため世界そのものは比較するものがない。それはすべての地平の地平である。この意味でそれは絶対的な地平なのである。

地平と限界

そうするとわたしたちは世界の地平を絶対的な限界として理解しなければならないのだろうか。わたしたちが地平のイメージに固執する限りはその問いに肯定的に答えようとするであろう。というのも、その際にわたしたちは知覚的な経験の意味で考えているからである。たとえばわたしたちが或る景色を眺めているときには、自分の近くにあるものははっきりと見え、遠くにあるものはぼんやりとしか見ることができない。そして最終的〔な彼方〕には何も見えなくなる。視覚的な与件の豊かさは絶対的な無に至るまで減少し続ける。そうすると視覚の領域では地平は「限界」のようである。当然のことながらその限界は可変的であり、たとえばわたしたちが塔や山に登ると視覚領域は拡大する。しかしわたしたちがどれほど自身の視覚領域を拡大しようとしても、それは制限されており、また制限されたままである。その限界は後退しはするが、存在し続ける。地平とは──わたしたちの日常生

活のなかで言えば——わたしたちの視覚領域を「制限する」ところの「境界線」である。またそれでいて日常生活のなかでさえ、もしもその境界線がどこにあるのかと問われれば、どのように答えればよいのかは分からないのである。しかし原則的に局所化（localized）され得ない線というものは、そもそも考えられるのだろうか。

したがってわたしたちはなぜフッサールが「厳密な限界をもたない限界」〔厳密には限界づけられないが、それでも限界づけられている〕という矛盾した定式を用いなければならなかったのかを理解するであろう。なぜ地平は厳密な限界ではないのか。その答えは明快である。なぜなら地平は限界ではないからである。限界あるいは境界は「引かれる」ものであり、それは或る規定の、つまり現実的あるいは理念的な規定を「設定する」行為の結果である。たとえば或る土地の限界や境界は、人間の間主観的な経済活動の枠組みのなかで固定される。それと似たように国家の限界や境界は、その住民や近隣の人々の政治的な栄枯盛衰に依存している。そうすると二つの例は次のような共通点をもっている。すなわち、境界線が引かれているときには、少なくともその境界の反対側にあるものが潜在的に意識されているということである。地権者は、境界を設定する石の向こう側では他の誰かの地権が成立していることを知っている。或る国の住民は、特定の線の向こう側には異なる国家に属す人々が住んでいることを知っている。つまり境界あるいは限界という概念は、弁証法的思考にとっての事例として役立ち得る。意識は境界あるいは限界を設定することによって、同時にそれを取り除くのである[37]。

3. 地平と世界

思考することもまた世界のなかで思考することである

　それと似たことが地平の意識の他の形式に関しても言えるだろう。それに関しては抽象的な思考も例外ではない。例として連続した数，代数的または幾何学的な連続を選んでみよう。フッサールはそうした心的な創造物を「構築的無限」と呼ぶ。それらは反復すると考えられる成果に起源をもっている。そうした反復は実際には有限であるが，思考する者はそうした有限性を上述した「〜など」や「またいつでも可能である」といった表現によって隠蔽している。そしてフッサールはここで次のような重要な洞察を付け加える。この「またいつでも可能である」というのは「〈またいつでも可能である〉者は事実上（de facto）誰もいないということの明らかな観念化である」[38]。このことは人間精神の「構築的無限」が実際には有限であることを示している。それらは理念的には考えられるとしても現実的には考えられない何らかのものの空しさとなる。

　このことに対してわたしたちは，世間的な地平を比較する可能性についての反省を付け加えることができよう。たとえば理論的な事柄の事例が，事柄の実践的な全体とは異なるということを立証するのは困難ではない。ところが一般的にわたしたちは何に基づいてそうした判断を下すのかは問題にしないのである。わたしたちはいかなる地平のなかで現実的な存在と理念的な存在を比較するのだろうか。まったく異なる関連の無限を相互に結びつけ，関係づけることを可能にするものは何であろうか。

　これらの考察はわたしたちが普遍的な地平を「形式」として特徴づけることを妨げるであろう。形式は，比較的形式化されていないものや形式をもたないものとは本質的に異な

51

第2講義　フッサールの哲学における「世界」の概念

る。形式は背景や無規定なもの，秩序を欠いたものやカオスとは対照的なものである。さらにいうと，或る形式は他の諸形式と本質的に異なるものではない。それに比べて世界の地平は無二である。そうすると人は次のように言うこともできる。すなわち形式は考えられ得る存在であるが，世界の地平はまさにわたしたちに諸々の存在について考え，それらを比較し，そして規定することや，それらの間の関係性を発見すること，そして抽象概念を作り出す方向へと進んでいくことを可能にするものである，と。普遍的な地平として考えられた「世界」は明らかに一つの存在ではないし，また存在の総体でもなく，存在の構造でもない。

　この第三の世界の概念だけが——そして他ならぬこれが——フッサールを魅了したある種の現象の解釈へと進んでいくことを可能にする。たとえば「経験のあらゆる個別的対象の既知性」[39]という独特な事実について考えてみよう。とどのつまりこの現象は，普遍的な地平としての世界は実際的および可能的経験の対象であるすべての存在の統一のなかへと結びつけられていることと解釈できるだろう。わたしたちが世界のなかで安らぐことができるのも，そのなかに「居住する」ことができるのも，このためである。世間的な存在に対するわたしたちの親しみは，ある種の逸脱した経験でさえわたしたちの確信を揺るがせないほどに強固なものである。そうした経験はわたしたちを或る「問題」に直面させる。この点でそれらは地図上の空白にたとえることができる。わたしたちはその場所からどのような存在が見出されるのかを正確に知ることはできないが，わたしたちはそれらの一般的な特性を想像することはできるし，また，どうすればそれらを知ることができるのかについての，ある種の憶測をもつことも

3. 地平と世界

できる。このことは，なぜ「諸々の問題」がわたしたちの世間的な存在についての予見的な知識を損なわないのか，また，それらの世間的な存在を経験する様式——これを通してそれらの存在がわたしたちによって根本的に理解され，把握され得る——を損なわないのかを説明するのに役立つであろう[40]。

また，経験は判断における統語論的要素の整合性への基礎でもある。これはほとんどの論理学者が見向きもしない問題——つまり判断を下すことの可能性の問題——の解決にとって重要である。たとえばなぜわたしたちは，このテーブルは真実であるとか，あの判断は茶色いなどと言ってはいけないのだろうか。フッサールが論証するところでは，すべての根源的な判断がその整合性を，それの基礎である経験の総合的統一に負っている。そしてわたしたちが見てきたように，あらゆる経験の普遍的な基礎は世界なのである[41]。

フッサールの精神を少しばかり遠方まで展開させてみると，わたしたちは次のように問うことはできないだろうか。世界の絶対的な統一というものは，神秘的で根源的なイメージではないのかどうか，また，わたしたちの思考が自己矛盾に陥らないための論理的統一体を形成する力をそれに負っている範型ではないのかどうか。また，世界の完全な自己同一性とは，わたしたちに同一視する行為を可能にするための隠れた指針ではないのかどうか。すると論理学における第一の形式的な原則——理性の先天的な原理——は世間的な基盤をもつことになるが，しかしながらフッサールの考えによると，今度はこの基盤が超越論的な哲学の手法で明らかにされなければならないことになる。

第2講義 フッサールの哲学における「世界」の概念

「世界」という語の多義性

わたしたちはフッサールが少なくとも本質的に異なる三つの意味において「世界」という語を用いていることを見てきた。さらに明確にそれらを特徴づけ，かつ，位置づけることはそれらを日常的な用法と同様に，哲学や科学の言語のなかで「世界」という語がもち得る他の意味と比較するのに役立つであろう[42]。

1. コスモスとしての世界が意味するものは，天体を伴う大地から成る秩序立った統一体，換言すると宇宙である。

2. オルビス・テラールム（*orbis terrarum*）としての世界は，五つの大陸によって地上を構成する地球上の（sublunary）現実である。

3. 哲学の術語における「世界」という語は，すべての有限で現実的な存在から成る独立して実在する総体との関連で用いられるのが通例である。たとえばアレクサンダー・バウムガルテンは「世界」（*mundus*）を「現実の有限な存在の連続（多数，全体）であり，他の連続の一部ではないもの」[43]と定義する。この意味での「世界」は実質的には「宇宙」と同義である。

4. 有限な存在が全体へと統合される仕方に強勢を置くことも可能である。たとえばこうした考え方はライプニッツによって採用された。彼が見る世界とは，すべての完全で「共在することができる」（co-possible）体系であり，それを神はその知恵において実際に具現化したのである[44]。

5. カントの「世界」概念には特殊な地位が含まれている。カントは「〔純粋理性の〕アンチノミー」のなか

3. 地平と世界

で，世界の総合的全体に関する一貫した考察は解き難い矛盾へと導かれることを証明している[45]。彼は「世界」を，全体性の原理に従って認識を可能にする統制的な理念と見なしている[46]。そうするとそこでは認識の形式的な要素のうえにアクセントが置かれていることになる。他方でわたしたちは，カントが「世界」の観念を認識したり経験したり，または思考したりする主観に結びつけた最初の哲学者であることを忘れてはならないだろう。

6. 科学や哲学の専門的な用法と同様に，一般的な語法においても「世界」という語が相対的に閉じられた全体を構成して，特有な法則に従っている有限な実在から成る多数性を指すと言うことができるだろう。物理的な体系（たとえば原子や微生物の世界）のみならず，形而上学的な領域（「感性的な世界」と「英知的な世界」）や，経験に特有な領野（「内的世界」と「外的世界」），そして思考の領野（「数の世界」）も同様にその〔世界という〕名称で呼ばれる。そのためこの意味では世界の多数性について，つまりさまざまな世界について語ることができる。

7. 或る特有な仕方で，或る特定の主観によって経験される現実の一部門が科学的な言語においてと同様に，前-科学的な言語においても「世界」と呼ばれることがある。たとえばヤーコプ・フォン・ユクスキュルは生物における「感受世界」（*Merkwelt*）と「作用世界」（*Wirkwelt*）について語っており，それは「子供の世界」や「原始人の世界」に関しても言えるであろう。

8. 有神論哲学あるいは唯神論神学において，世界は創

第2講義　フッサールの哲学における「世界」の概念

造された現実の総体である。この現実は神の存在証明を担っているが，それ自身は神的なものではない。
9. キリスト教神学は，創造された現実がその創造者の敵となり得るし，またそうなりがちであると教えている。その立場からすると「世界」や「世俗的」，そして「日常的」という言葉は侮蔑的な意味を帯びている。カール・レーヴィットが見るように，世界（*cosmos*）は〔非神聖なものと見なされ〕世俗（*saeculum*）へと，つまり神や崇高なもの，そして自足的なものからかけ離れた罪深い世界へと変貌する[47]。

フッサールによって用いられた三つの異なる世界の概念をこのリストと比較すると，彼の最初の二つの世界概念は独創的なものではないことが分かる。世界の「実質的な」概念は，上述した第七の意味といくぶん関わりをもつであろう。しかしここでわたしたちは，「特定の主観」という言葉が超越論的‐現象学的還元の遂行の後にその概念のなかで獲得する特有な意味から抽出しなければならない。

フッサールの「世界‐形式」あるいは「世界‐構造」の概念との関わりでは，ことによると人はライプニッツを想起するかもしれない。というのも，フッサールは繰り返し「共在することができる世界」（co-possible worlds）に言及しているし，その際に彼は明示的にライプニッツに言及しているからである[48]。また時に彼は世界をア・プリオリなものと呼んだりもするので，それはカント主義や新カント主義を想起させるであろう[49]。

フッサールの世界概念で唯一独創的なものは第三のものである。それはわたしたちが要約して列挙したいかなる意味と

も一致しない。さらに言うとそれは通常の〔意味の〕区分からも逸脱している。たとえば形而上学者がプラトン的なイデアの世界を思い浮かべるとき、あるいはキリスト教の神学者が天使について語るとき、現象学的に言うとこれらは世間的表象（worldly representation）である。しかしながらこの現象学的な立場はキリスト教的な視点とも、ポスト・キリスト教的な視点ともまったく関係がない。現象学的な考察の仕方に従うと、すべての存在の区分、すべての存在論的な領域は、同一のすべてを包含している地平によって取り囲まれており、後者は天上の地（topos ouranios）と同様に地上の地を、つまり非物質的な現実と同様に物質的な宇宙を含んでいるのである。

4. 一つの世界と多数な世界

三つの「世界」概念の相互連関

フッサールの解釈はしばらく置いておくとして、彼による三つの世界概念がいかにお互いに関係づけられ、相互に連結しているのかを問うてみよう。この問題はまったく哲学的な探求からは離れて問われ得る。なぜなら日常的な語法においてでさえ、わたしたちは「唯一の」（the）世界について語るし、また同時に「誰もが自分自身の小さな世界をもっている」とも言うからである。わたしたちがそうしたあからさまな矛盾をめでたくも受け入れているというのはいかなることであろうか。

わたしたちはすでに一つのことを確かめている。すなわち、「世界」の実質的な概念と形式的な概念の間には繋がりが存在するということである。しかしその繋がりが基づく基

第 2 講義　フッサールの哲学における「世界」の概念

礎はまだ明らかになっていない。ことによると「地平」の概念を用いてその繋がりを明らかにすることが可能であろう。わたしたちが見てきたように、意識が特定の有意味な仕方で実際的な所与を超越する際にはいつでも地平が呼び起こされる。もしもわたしたちが地平から、それに取り囲まれているものへと進んでいくならば、次のように言うことができる。上述した実際的な所与は、わたしの超越する行為によって疑われたり予期されたり、あるいは考えられたりする可能性という更なる所与を伴って、実質的な意味で意識の世界を形成する、と。

　ここで言われている所与は、必ずしも観察可能であるとか、空間的に延長するものであるとか、あるいは具体的な存在との関係をもつ必要はない。というのも、たとえばわたしたちはまさに「数の世界」について語ることができるからである。この世界がわたしたちにとって実在するのは、わたしたちが実際に何らかの数を思念し、それと同時に思考の理念的な可能性としての数の無限な連続を共在的に志向する（co-intend）という事実によってである。そうすると実際に把握される数量と、予期される数量は一緒になって特有な法則に従う相対的に閉じられた統一体を形成する。このことはわたしたちが先に吟味した「世界」という言葉の第六の意味と一致する[50]。

　さらにわたしたちの「地平」に関する叙述においては、それによって実際的な所与が超越される「特定の有意味な仕方」という問題があった。それが空間的あるいは時間的地平の問題であるときと、それが事物への興味に支配された人間の実践的な地平の問題であるときでは、超越するその方法は明らかに異なるだろう。しかしながら有意味な仕方において

4. 一つの世界と多数な世界

超越するというその行為すべてに共通するものがある。それは或る生命に特定の秩序を，つまり特定の構造をもたらすということである。というのも，特定の意味付与の方法という観点からすると，人間の意識はその所与を反省の行為を通してだけでなく，直接的にも把握しているからである。たとえばこれらの所与とは，特定の空間においてともに見出される事物，相互に生じる出来事，相互に関係する道具などである。それゆえ秩序のない世界も，構造のない世界も考えることはできない。わたしたちが実質的な世界概念のほかに形式的な世界概念も採用しなければならないのはそのためである。

有意味な秩序が投射されるその方法もまた変化し得る。わたしたちが見てきたように，その方法は特定の個人または集団にとって特有である。そしてこのことを示すのは困難ではない。たとえば教養ある西洋人にとって有意味な世界の秩序は因果関係に則ったものであるが，幼い子供にとってそれは魔法のようである。つまり成人にとってはX線や微生物がそこに実在するが，子供にとってはサンタクロースやファーザー・クリスマスが実在している。換言すると「実質−世界」は「形式−世界」から独立してはいないのである。同時にわたしたちの例が示しているように，そうした「諸々の世界」（worlds）は偶然的にではなく必然的に多数なのである。なぜなら超越する過程の「様式」，つまり投射される秩序の原理の本性は，あれやこれやの世界がその者にとっては一つの世界として実在するその仕方に結びついているからである。そしてこれらの実在はそれ自身の側では身体的，社会的，そして歴史的な条件からまったく独立したものではない。

これらのすべてから，わたしたちは二つの結論を引き出す

第 2 講義　フッサールの哲学における「世界」の概念

ことができる。

> 1. 形式的な世界の概念と実質的な世界の概念は分かち難く結びついている。
> 2. 形式的かつ実質的に規定された世界は，規定可能性の相違によって多数なものとして現れる。

それゆえわたしたちは誤解を避けるために，ここから「諸々の世界」(worlds) について論じるとしよう。

多数な世界とすべての人にとっての単一な世界の関係
　わたしたちの関心を呼び起こす大きな問いがまさに次のように定式化される。すなわち，形式的かつ実質的な立場からすると異なっている諸々の世界は，すべての人間にとっての世界である単一な世界 (one world) といかなる関係をもつのか，と。
　まずはすべての見せかけの解決を取り除くことから始めよう。人はただちに唯一の世界 (the world) は諸々の世界が集まって構成されていると想定することができるだろう。しかし上述した観点からすると，それは偽りの表現であることは明らかである。というのも，「諸々の世界」が人間の主観に対して現れる際には，それらは存在の全体または総体に関係しているからである。それとは反対に，唯一の世界はすべての主観——すべての人間およびすべての集団，この人たちには世界が複数で実在している——を含むすべての存在を取り囲んでいる普遍的な地平に関係している。それゆえわたしたちが答えを探し求めるのは，全体と部分の関係という方向においてではないことは明らかである。

4. 一つの世界と多数な世界

　それと似たように，唯一の世界が何か客観的なものであるのに対して，諸々の世界はそのなかに客観的な所与が現れている，異なる主観の様式であると言うのもあまり意味がない。このことはまさに次の事実からも明らかである。すなわち，諸々の世界が特定の個人と人々の集団に対して現れる存在の総体と見なされ得るにも関わらず，唯一の世界は決して存在の総体とは呼ばれ得ないという事実である。それゆえ同一の存在が或るときには客観的な仕方で，また或るときには主観的な仕方で認識されるというのが問題なのではない。それどころか，わたしたちがそれについて考えれば考えるほどに，ますます唯一の世界の本質は多数な諸々の世界の本質とはまったく異なって見えてくるのである。

　したがってわたしたちの問題に対する解答は，もう一つの次元で，つまり存在論的な思考の次元で探求されなければならない。これまで繰り返し述べてきたように，諸々の世界とはわたしたちにとっての存在（beings-for-us）の相対的に閉じられた総体であり，それは特定の構造を示している。しかし地平は存在なのだろうか。そしてとりわけ普遍的な地平——それはわたしたちをすべてのわたしたちにとっての存在と共に包んでいる——は，一つの存在なのだろうか。ドゥ・ヴァーレンはためらうことなくその問いに否定的な解答を与えている。他方で彼は，世界は必然的に何であるかという明確な関係を含んでいると主張する。そして彼はこれに関連して，わたしたちがそこから出発した現象を指し示している。もしも景色がそこに存在しないとしたら，わたしたちが地平について語ることができないのは確かである。それと同様に，もしも存在がそこにないのだとしたら，世界の普遍的な地平もまたそこにはないとわたしたちは言わざるを得ない。

第 2 講義　フッサールの哲学における「世界」の概念

唯一の世界とは諸々の存在を相互的にするきずなである。しかしこのことは依然として唯一の世界がただちに一つの存在として認められることを意味しているのではない[51]。

　ことによるとわたしたちは更に深く進んでいかなければならないだろう。ドゥ・ヴァーレンが世界は「無」（nothing）ではないと言うとき，彼は正しい。なぜなら，さもなければ〔世界が〕何であるかという関係を含むことができないからである。しかし世界は確かに「無」ではないが，それが何であるかという点について言えば，それは「否」（no）である。それの「否」によって，世界が存在ではないことが証明される。すると大きな問いは，この「否」がどこから生じたのかである。

　世界の地平は諸々の存在を相互的にするきずなであると言うドゥ・ヴァーレンの命題から出発するとしよう。そうするとそれは，存在を構造化された総体という形式でわたしに対して現前させるものでもある。それは諸々の存在を結びつけ，わたしがそれらを知覚したり，考えたり，使用したり，触れたりすることを可能にするが，それは特定のパースペクティブにおいてのみ，つまり特定の視点に基づいてのみである。なぜそうなのだろうか。なぜわたしはそのような邪魔になる視点を回避できないのだろうか。なぜわたしは一つの有意味な視点を自分自身のものとしなければならず，それとは別のものであってはならないのだろうか。なぜ精神が自由に概観したり，判断したり，または秩序づけたりする存在の宇宙という合理主義的な夢は現実と一致しないのか。ことによるとこのことは，わたしたちが精神ではなく有限で身体的‐精神的な存在の集合であるという事実と関係があるのだろうか。これがわたしたちの実際的な状態ではないのか。この事

4. 一つの世界と多数な世界

実性は決定的な役割を果たさないのか。もしもこれが真実であるならば、世界の地平がわたしたちに対して呼び出す偉大な「否」は、わたしたちの有限性と事実性、そしてわたしたちの非‐超越論的な実在のあり方に結びついている。そうすると世界とは、わたしたちの有限性によって諸々の存在のあり方のうえに投射された陰影である。

この考え方から二つの結論が導かれる。

1. わたしたちは自分自身の有限性のゆえに誰もが同じ普遍的な地平に取り囲まれており、あらゆる有限な存在と一緒に、わたしたち相互にとって、また相互的に存在している。この意味でわたしたちはみな同じ世界に「居住」し、自分の家をもっており、世界はわたしたちにとっての世界（world-for-us）である。

2. わたしたちは自分自身の事実性のゆえに――わたしたちが身体的、歴史的、そして社会的に他の仕方においてではなくこの仕方で存在しているという事実性のゆえに――わたしたちがその全体を概観し、それについて考え、そしてそれを構造化しようとする試みはそれぞれ異なる仕方でなされる。そのためわたしたちは世間的な事物を形式的な観点からと同様に、実質的な観点からも異なる仕方で「見る」のである。それゆえ多数な世界についての問いが存在する。当然のことながらこれらの諸々の世界は、唯一の世界を抜きにしては考えられない。理論的および実践的な点において、わたしたちにとっての存在の全体（whole of the beings-for-us）に或る意味を与えようとする試みは、わたしたちにとっての全体（whole-for-us）が実在するときにのみ遂行され得る。それゆえ唯一の世界は

諸々の世界の発生を可能にする条件である。

わたしたちにとっての世界（worlds-for-us）は，その起源と実在をある程度までわたしたちの意味付与に負っている。この限定的な意味においては——後にわたしたちはそのことについていっそう詳細に説明するつもりである——わたしたちはそれら諸々の世界を「構成している」と言うことができるだろう。またこの第二の意味では人間の意識は世界のなかに居住してはいるが，今やこの後者は異なる意味をもつと言うことができる。この叙述は次のことを意味している。他の人間の意識と共にあるすべての人間の意識は，実質的かつ形式的に規定された多数な諸々の世界のうちの一つを，「その者の」世界と考えているということである。これら諸々の世界はまさに「家」と比較され得るであろう。つまり，一つの家のように，それらは意識的な存在の能動的−受動的な相互作用を通して立ち現れてくるのであり，こうした意味でそれらは「構成される」のである。それに比べて唯一の世界は，わたしたちが選択したり投射したり，そして意味を付与したりする行為のすべてに先立っている。このことは必ずしも実存論的な現象学者によって正しく理解されてこなかった。

他方で超越論的現象学者は，主として唯一の世界に関わる。これはその考察の偉大な探求テーマであり，そしてこの目的のために用いられなければならない主たる方法が超越論的−現象学的還元なのである。

5. 世界の還元に関する問題

超越論的−現象学的還元

これまでわたしたちが，すべてのものを取り囲んでいるとい

5. 世界の還元に関する問題

う世界の無二な特性について述べてきたことのすべては,超越論的現象学者にとってはその主要な命題の定式化への導入に過ぎない。この命題は次のように説かれる。すなわち,世間的な事物や存在の領域,そして諸々の構造を伴った唯一の世界は,わたしにとって現に実在する世界としての妥当性を個々の人間に負っているのではなく,むしろわたしのなかにおいても同様に働いている超越論的主観性に負っている,と。事物を知ること,評価すること,操作すること,またはそれを得ようと努力することによって世界のなかに自分自身が包含されているうちは,こうした事態に気付くことはない。ところが世界の現実性や,世間的な事物のそれへの信頼をわたしが停止させるとき,それらの事物はわたしにとっての現象へと変貌する。そうするとわたしは超越論的主観性が実現する生活を共有するという点で,これらの事物の現実性と意味がもっぱらわたしに負っていることに気が付く。わたしはその生活をわたし自身のうちにおいてのみならず,モナドの超越論的な共同体のなかでわたしが結び付けられている他のモナドにおいても見出す。超越論的な自己経験のおかげで,わたしは世界を構成する生活を,そうした成果にとっての決定因である一般的で必然的な諸構造と同様に,多様な志向的な成果によって科学的に叙述することができる。この科学的な叙述は超越論的現象学の主要な任務である。

　超越論的‑現象学的還元の学説には多くの不明瞭な点がある。「構成」や「獲得」そして「モナドの超越論的な共同体」といった概念は,それほど明確に定義されているわけではないし,また個人としてのわたしと,この超越論的なモナドとしてのわたしの関係についても同様である。そのため多くの哲学者たちがこれらの概念を説明しようと試みてきた[52]。さ

らに言うと，超越論的-現象学的還元の学説全体が多くの反対意見に直面してきた。そしてそれに対する異議も数多く，執拗に続いた。後年のフッサールが繰り返して不満を訴えたように，彼の超越論的観念論への転換に従ったのは数人の哲学者だけであった。

わたしたちはここでその問題を扱うことはしないで，むしろ問題の意識を一点に集中するとしよう。もちろんその点とは，世界はその現実性を奪われ得るのかどうかという問題ではない。すでにわたしたちは「世界」が在るのは，或る存在が在る仕方においてではないということを知っている。わたしたちの考えでは，問われるべき決定的な問いは次の二つである。

　1. 普遍的な地平としての「世界」を停止することは可能であるか。
　2.「世界をもたない」（world-less）生である超越論的な生について語ることは可能であるか。

これら二つの問いに答えるために，今度は超越論的-現象学的還元の遂行の後には何が「残余」として残されるのかを問うてみよう。〔何かを〕遂行する生活の領域とはいかなるものであろうか。唯一の世界の構成は実際にはどのように作用するのか。フッサールは超越論的な生に関していくつかの異なる説明を与えているが，彼の著作のなかでは二つの代表的な説明が繰り返し採り上げられる。

その第一の説明は，流れ（stream）に関する古代のイメージを用いている。フッサールは超越論的な生を「意識の絶対的な流れ」として叙述し，そのなかでは経験が内在的な時間のまとまりを形成する[53]。また，それと同時に内在的なまとまりとしての意識は，必然的にそれが志向的に包含さ

5. 世界の還元に関する問題

れる対象についての意識である[54]。そうすると世界は絶対的な意識の流れのなかでそれら自身を構成する諸々の対象の全体的調和(アンサンブル)のようである。当然のことながらわたしがこうした理解に到達するのは超越論的−現象学的還元を遂行した後にである。フッサールが表現するように,「わたしがすべてのものの還元を遂行すると,わたしは内在的な時間の生の過程において超越論的主観性を獲得する。そしてそのなかにはわたしの実際的および可能的経験の宇宙や,それに関連づけられた〈憶測的な〉考えと他の諸作用が,それらの世界現象と共に含まれている」[55]。

これとは他の箇所でフッサールは還元について異なる説明と,それに起因する洞察を与えている。そこでの還元は自我の二重な分裂から成立している。わたしが哲学的な観察者である限り,「わたし」は自分自身を世間的な現実性に関心をもつ一人の人間存在として見る。そしてわたしはまた,この人間が「思惟する」超越論的自我のコギタートゥム(考えられたもの)に過ぎないことを知っている。〔後に『デカルト的省察』となる〕パリでの講演において,フッサールは次のように彼自身の考えを述べている。「現象学的還元によって,そこでは一種の自己分裂が生じる。超越論的観察者は自分を自分自身の上に置き,自分自身を見つめ,そして自分自身をかつては世界のなかに包含されていた人間として見る。換言すると,彼は自分自身のなかに考えられたもの(コギタートゥム)として自分自身を見出し,また彼はこの人間の考えること(コギタチオーネス)のなかに世界を構成する生の全体を見出す」と[56]。

そうするとここでは三つの異なる自我(エゴ)に関する問いが存在する。すなわち,ただ観察するだけの自我,共に一つの世界を形成している世間的な諸存在を無意識的に構成する自

67

第2講義 フッサールの哲学における「世界」の概念

我,そして第三の自我は「構成する」作用の産物としての自我である。そこでそのような「モデル」を描出するためにはこれら三つの自我の機能を比較しなければならない。そしてこの三つの自我は特定の相互連関をもつものと見なされなければならない。しかしその際に,それらの自我を比較し,識別し,そして結びつけるために用いられる「基盤」(ground)あるいは基礎についての問いが生じる。哲学者はそうした主要な作用を追い求めている際に,いったいどこに「立って」いるのだろうか。

　もう一つの点が考えられる。すなわち,唯一の世界の普遍的な地平を取り除くことによって,他のすべての世間的な地平もまた消滅せざるを得ないという事実である。そのためフッサールは,超越論的自我は「もはや地平をもたない」と主張する[57]。換言すると超越論的な傍観者としての我は,なんら展望や曖昧さ,そして地平もなしにわたしの超越論的な生の全体を概観し得るのである。しかしそれでいて還元の後にも人は依然として「追憶と予期という終わることのない地平」[58],「明晰性の度合い」[59],隠された自我[60]などについて言及する。このことはいかにして可能なのだろうか。

　この問いに対するわたしたちの答えは,それがラディカルであるのと同じ程度に単純である。わたしたちは,超越論的な現象学者が超越論的還元を遂行した後にでさえ,世間的な現象を叙述することだけはできると主張する。換言すると,その者が叙述するものは一つの世界であり,この世界があらゆる通常な経験の世界とは相違して見えようとも,それはすべて同一の世界なのである。

　意識の流れというモデルはこの点を例証するには良い例である。というのは,わたしたちはいかにしてその絶対的な流

5. 世界の還元に関する問題

れを知るのだろうか。意識の流れに関する特定の経験は直接的にわたしたちに与えられ，その他のものは超越的な期待を通して予期されている。ここでも同じくそれに属する「ありそうな」(presumptively) 無限の問いが存在する[61]。さらに言うと，すべての経験の内在的統一は一つの秩序の原理，つまり意識の時間的な流れに従って秩序づけられていると考えられる。このことはすべて，わたしたちが実質的かつ形式的に規定された世界に与えた定義と一致している[62]。それは適切に変化させることによって，観察する自我と構成する自我，そして構成される自我という三つの自我の間の繋がりとも一致する。それらもまた世間的パースペクティブのうちに現れている。構成する特定の行為や，それらの行為に一致する特定の構成される対象は，それらに関係づけられる無関心な傍観者の特定の観察と同様に，所与として現前している。そしてその他のものは可能性として予期されている。三つの「事実」とそれぞれの機能間の構造的な関係もまた構築されている。そうするとなぜそうした三つの自我が能動性と受動性をもって現前させられる光景が「世界」と呼ばれるべきではないのだろうか。

したがって超越論的現象学者が唯一の世界の起源として叙述するものは，実際には一つの或る世界に言及しているに過ぎない。しかしこれがすべてではない。すべての超越論的現象学者の解説や分析，そして探求においては常に普遍的な地平が暗黙に前提されている。この地平は「自然的態度」のなかで現れる際には世界を覆っている。またそれは——少なくとも推測上では——還元を通して発見される世界の基盤をも覆うのである。基盤が支えているものに対するその基盤の関係は，或る物を他の物にとって存在せしめる「きずな」なし

第2講義　フッサールの哲学における「世界」の概念

には考えることはできない[63]。要するに，世界の普遍的な地平を取り除くという願望は，人間意識の有限性を無視しようとする試みに等しいのである。そのような試みが他のどこへも通じていないことは明らかであろう。

　還元に対するわたしたちの批判への解答において，超越論的現象学者が何を述べるかを予想することは困難ではない。その者は次のことを指摘するであろう。すなわち，現象学者は他者との交わりにおいては自分の思い通りになる世間的な〔世界の〕概念のみをもっていること，そして「自然的態度」の言語で語らざるを得ないということである。しかしわたしたちはこの解答に重きを置くことはできない。哲学とは表出された思考の合奏(アンサンブル)である。それは本質的には詩，演説，対話，討論，教示，省察である。哲学者は自分自身に語りかけるか，あるいは他者と語り合う。そのどちらの場合でも世界の地平は前提されている。そのため言語を抜きにして，言語に抗って，あるいは言語を超えて考え出される哲学の理念は自己矛盾として排斥されねばならない。

　フッサールのためらい

　超越論的−現象学的還元に対するわたしたちの批判は無鉄砲なように思われるかもしれない。だが幸運にもわたしたちは現象学という分野においてすべての人から権威として認められている思想家，すなわちフッサール自身に助けを求めることができる。実際に歴史上のフッサールは世界を放棄する可能性について，一般に考えられているほどには確信していなかった。とりわけ世界の実在が疑いの余地なく明証であると言うことができるのかを問う際には，彼のためらいが表現されている。

5. 世界の還元に関する問題

『デカルト的省察』のなかでは, その〔世界が実在することの〕明証の疑いの余地がない特性に関して, 注意深い疑問が慎重に述べられている[64]。時にフッサールは「相対的に疑いの余地がない」という用語を用いている[65]。彼は未公刊の論文のなかで「世界の確実性」を「疑いの余地がない推定」として述べている。このことは一見すると, 形容矛盾であるように思われるだろう。というのも,「推定」は決して「それ自体」として与えられるものを, わたしたちに与えはしないからである。しかしながらわたしたちはそうした外見上の矛盾の背後に, 深遠な洞察が潜んでいることに気付かねばならない。フッサールは「疑う余地がない」ことを明証と呼ぶ。それは「そのうちで明証的な事態や錯綜した出来事の確実性であるだけでなく, むしろ批判的な反省に対してそれ自身を開示する。そのさい, それは同時に非存在が絶対的に考えられないものという特性をもっている」と言う[66]。世界の地平についての反省は, ふたたびその地平を前提とする。そして先の考察が証明していたことは, まさにこの点なのである。

おそらく1933年まで遡るフッサールの或る重要な草稿は「世界の疑いの余地がない前提について」と題されている。フッサールはそこで次のように述べている。「他方では, 世界の実在に関する疑いは馬鹿げている。世界の経験がもつ尊厳は, 個々の現実の経験に属すものよりも明証といういっそう高貴な尊厳をもつことは明らかである。……世界の実在はある種の絶対的な確実性をもっている。その世界を経験しているわたしにおいてこのことが疑われるようなことは正しいとはいえない」[67]。

また, 他の草稿において彼は次のようにも述べている。

第 2 講義　フッサールの哲学における「世界」の概念

「世界はわたしにとって妥当なものであり，そうあり続ける——還元はその事実を変えるものではない」と[68]。付け加えておくが，わたしたちは世界の疑いの余地のなさが公式な超越論的−現象学的学説の部分を形成するテーゼであると主張するのではない。しかしフッサールがこの線に沿って考えていたことは確かである。

6.　結　　論

　世界〔の概念〕が再び深刻に採り上げられるという事実は，現象学的な思考にとっていかなる帰結をもたらすであろうか。この事実はそれを浅薄な常識哲学へと変貌させるだろうか。あるいは今やそれに独自の中心的な考え方がそのまったき力を発揮し得るようになるだけであろうか。すべては世界の絶対的確実性から，必然的な哲学的帰結を冷酷に引き出す，わたしたちの確かな決断力にかかっている。ここでは四つの結論を手短に述べておきたい。

1. もしも世界があらゆる存在の普遍的地平であるとすれば，これらの存在は有限である。この結論は精神的な存在や意識的な存在，志向的に含まれる存在にも妥当する。そうすると精神はいかにして「有限なものとなるのか」[69]という問いは偽りの問いのように思われる。そのうえ唯一の意識や唯一の精神，そして唯一の超越論的生といった概念は誤解を招きやすいので避けられるべきである。現象学は有限性の哲学として出発する。有限性はもっともよく表現された特性とさえ呼ばれることはできず，むしろそれは何らかの現実の叙述を可能にする条件である。

6. 結　論

2. もしも世界の地平が，そこで志向的な獲得が生じる条件であるなら，志向的な意味付与はもっぱら自立的な意識から出発することはできない。有限な存在の意識はその種の支配権をもっていない。それどころかその意識はそれ自身に受動的，受容的に関係することが可能でなければならず，またそれは意味を受け取ることが可能でなければならない。

3. もしも世界の地平が事実上，常に予め与えられている何かであるとしたら，そのときその事実性とそれに直ちに関連するもの，つまり有限な存在の——意識的な存在をも含む——偶然性と一時性が，再び深刻に採り上げられねばならない。消極的に表現するならば，意識の事実性を承認することは，この意識を絶対的なものにしようとする情け容赦のない試みと一致することはできない。精神の不可解な単独行動を叙述することは現象学的哲学の仕事にはなり得ない。もしも叙述することが本当に重要であるとしたら，それは有限な人間と，その者が他の有限な人間に対してもつ可変的な関係——それはまさにその端緒から哲学的関心の焦点でなければならない——である。現象学者はただそのときにのみ，一貫した手法と善良な哲学的良心とをもって哲学的人間学の大きな諸問題へと深く掘り下げていくことが可能になるだろう。

4. これらの大きな問題のなかで，わたしたちは人間および人の集団の実質的かつ形式的に規定された世界に対する能動−受動の関係という問題を見出す。それらの世界の起源と消失が説明され，叙述されなければならない。しかしこれは，もはや超越論的哲学ではなく

第 2 講義　フッサールの哲学における「世界」の概念

対話的哲学の問題なのである。

第 3 講義
世界の現象学から対話の現象学へ

1. 世界の問題に対する複数の視点

唯一の世界（the world）の単一性，諸々の世界（worlds）の多数性

　フッサールの世界概念に関するわたしたちの分析は，肯定的な結果へと導かれた。それはわたしたちが二つの異なる現象――すなわち，一方はすべてのものにとっての唯一の世界，他方は具体的な「わたしたち」や「わたし」の世界である諸々の世界――を問題にしていることを確かめる手段を与えてくれた。今やわたしたちは，そうした現象がいかにして生じるのかを問わねばならない。普遍的地平に関しては，すでにわたしたちが見てきたように，この現象は身体的-精神的存在の超越する運動が有限にして不完全であるという事実によって生じる。また，これはなぜ唯一の世界の地平が，すべての有限な身体的-精神的存在にとって同一のものとして経験されるのかを説明する。

　しかしながらいっそう重要なことは，上述した「原初的な状況」（original situation）が，一方では有限性と事実性であり，また他方では超越であるという弁証法を生じさせるということである。一方で有限な身体的-精神的存在は，他の有

限な存在と共に唯一の世界のなかにいることを発見する。他方でそれらはこの存在的な事実（ontic fact）そのものを受け入れないで、それに存在論的な意味（ontological meaning）を与えようとする。それらは偶然的にではなく、普遍的に、そして必然的なこととして行われる。人がそれらと共に存在を、存在論的な全体として理解すべく努力し、そしてその全体を存在論的に組み立てることによって、諸々の世界は——複数において——現れる。

これらの取り組みは、具体的に言うと、色々な仕方でなされるがゆえに、これらの世界はそれら自身の間で特徴的な相違を示す。さらには、存在の全体性に意味を与えようとする身体的-精神的存在の取り組みは変化を受け入れやすいために、それらの実質的かつ形式的に規定された世界は一定の現象学的な所与ではない。しかしながらこの点は——より一般的に言うなら世界の力動性に関する問題は——他の講義において扱われるだろう。ここでは第一に、世界の問題に関しては複合的な視点が不可欠であることを示すとしよう。

ア・プリオリな世界の構造とは

ここでもう一度フッサールについて考えてみよう。わたしたちが見たように、理解する人（knower）は個々の世間的な事物の実在と非-実在に関する自分自身の考えを変えることができるとフッサールは確信している。そして彼はまた、世界の構造は常に同一であり、そうあり続けると確信している。フッサールによると、「世界の内容」はア・ポステリオリであるのに、世界の構造はア・プリオリな特性をもっている。

そこで、そうした構造の本性について考察してみよう。

1. 世界の問題に対する複数の視点

フッサールによれば、それらは世界の超越論的構成におけるア・プリオリな指針を形成するので、彼はそれらを普遍的構成の問題を扱う箇所で論じている。彼が存在の宇宙の段階的な構成をもっとも広範囲に特徴づけているのは、彼の『イデーン』第2巻においてである。彼の議論が示していることは、世界の構造が必然的に、空間-時間的本性、動物的本性、心的現実を、そして精神的-人格的現実をも〔段階的に〕包含しなければならないことである[1]。『デカルト的省察』によると、その構成の理論は必然的に「空間的な対象（自然そのものは言うまでもなく）、精神-物理的存在、そして人間性そのもの、文化そのものの構成」[2]に〔段階的に〕関わる。

フッサールは彼の現象学的心理学の講義において、「世界の形式、また世界そのものに属す広がっていく構造」[3]に関して詳細に語っている。事物、精神物理学的実在、身体的実在、心的実在、そして最終的には精神的または文化的現実が、経験の世界と同様に、世界の特徴として挙げられる[4]。すべてのそうした部分は、だいたいにおいて相互に一致している。

「生活世界」（*lebenswelt*）という考え方は、このなかに何ら変化を持ち込むことはない。事実フッサールは、「生活世界」はすでに「前科学的に、客観的な科学が……ア・プリオリな科学においてア・プリオリな構造として展開するものと〈同じ〉構造」[5]をもっていると確信している。彼はその例として因果律を挙げる。因果律のカテゴリーが、——フッサールはそう信じている——生活世界の思考をも支配しており、そしてそこに欠けているものは理論的な理念化だけである。そのためゲルハルト・クルーゲが「生活世界はそれ自体のなかに、常に科学を保証する〈普遍的なもの〉を含んでいる」[6]

第3講義　世界の現象学から対話の現象学へ

と言うとき，彼は正しくフッサールを解釈している。

　マルティン・ハイデガーもまた，彼の有名な現世（worldliness）の現象に関する分析のなかで，指針として構造の概念を用いている。彼によれば「世界」は「気遣い」（*Sorge*）の構造，つまり現存在と親密に「よく気遣って」存在に関わることに一致する。彼は世界を「それにとって周囲世界の何か〈用具的な〉ものが，まずもってそれが或る世界内存在として理解可能になるような仕方で自由にされているもの」[7]として理解する。

　しかしながらフッサールとハイデガー両者の構造概念は疑念を引き起こす。たとえば，原始的な人間の世界について考えてみよう。原始的な者にとって世間的な事物の豊かさや貧しさに関する問いは，実存的な意義をもっている。植物や動物，そして人間の豊かさは，豊かさのダイモン〔神霊〕の恩恵に依存している。したがって原始的な人間にとってダイモンはもっとも「現実的な」存在である。しかしわたしたちは，そのダイモンがどのような存在論的な領域――つまり空間的−時間的な自然，物理的現実，もしくは精神的−文化的領域――に属すのかを問う。そして同様に，わたしたちは次のように問う。原理的にそのダイモンの恩恵や怒りは，それらをわたしたちが規定したり算出したり，あるいは予知したりすることができるような，因果的な作用と見なすことができるのかどうか，と。

　さらに，とりわけ『存在と時間』の中で叙述されている「世界の構造」に関しては，次のような反論が心をよぎる。すなわち，そうしたダイモンは現存在の，「用具存在性」の，または「客体存在性」の様相をもっているのか，と。原始人の主な「気遣い」が，宇宙（コスモス）の力や勢力との実際的な関係を見

1. 世界の問題に対する複数の視点

つけ出すことに結び付けられているというのは真実である。また他方で原始人の世界は、宇宙を維持している魔術的な力の実在と調和した構造をもつということも確かである。

この簡略な分析から、わたしたちは三つの結論を描き出す。第一に、世界の実質的な様相が——わたしたちが現実的と考える世間的な事物に関する問いが——必然的に形式的な様相に——世界の構造についての問いに——結び付けられるということは再び明らかである。第二に、わたしたちは実質的かつ形式的に規定された世界に関するア・プリオリな法則を確立することが、いかに困難であるかを明らかにした[8]。第三に、もしもわたしたちが本当に現象学的–記述的方法において進んでいこうと願うのであれば、唯一の世界の単一性と同じ程度に世界の多数性（plurality）や多元性（pluriformity）をしっかりと捉えなければならない[9]。

諸世界・特殊な諸世界・「周囲世界」・諸状況

わたしたちはこのことを理解し、また自身の現象学的探求を続けようとするならば、わたしたちは術語に十分注意しなければならない。わたしたちは必要な区分をしなければならなくなるであろうし、続く考察において用いようとする考えによって、何が意味されているのかを正確に規定しておかなければならないであろう。

わたしたちは前の講義のなかで、すべての人に対する普遍的な地平としての唯一の世界と、実質的かつ形式的に規定された諸世界との区分を採り入れ、それを正当化した。日常世界、つまり科学的に対象化される前の世界は、そうした諸世界の一つの特殊な型であり[10]、科学という西洋人にとっての世界はまた異なる型である。

第3講義　世界の現象学から対話の現象学へ

　しかしそのような区別を与えるだけでは十分ではない。たとえば科学者が「微生物の世界」について言及するときと,「数の世界」について言及するときでは,「世界」という概念がもつ意味は明らかに同一ではない。確かにわたしたちが示したように,事物の総体に関する疑問が存在しており,そのうちで実際に与えられているものと,「無限に多数な」それ以外のものは,内実を欠いた志向の形式のなかで予期されている。わたしたちはこれらの場合においてもまた,秩序と構造に関する特有な原理を見出す。だがそこには或る相違が,実際には本質的な相違がある。上で語られた実質的かつ形式的に規定された世界は,その「なかに」[11]個々の人間や人間の集団が生きている何かである。換言すると,実質的かつ形式的に規定された世界は,本質的に人間の集団や個々の人間の生活に関係している。誕生が「世界への到来」と言われたり,死が「世界からの旅立ち」と呼ばれたりすることは偶然の一致ではない。(こうした理由から,わたしたちが後に見るように,世界に対する脅威は,自分の生存への脅威となり得るのである。)

　わたしが「微生物の世界」や「数の世界」について考えるとき,このことはまったく妥当性をもたない。両者は共にわたしの具体的な生活との繋がりをもつのであり――時折このことは論理的実証主義者たちによって忘れられているが――それは,まさに特殊な繋がりである。「微生物の世界」は,可能ではあるが不可欠ではない経験の全体と一致し,「数の世界」は典型的に思惟可能な観念の複合体と一致する。そうした場合にわたしたちは特定の諸世界（particular worlds）について論じるべきであろう。それらはわたしに対して次のような事実によって生じる。すなわち,或る特定の「方向」

1. 世界の問題に対する複数の視点

においてわたしが超越へと進んでいく——たとえば,典型的な経験を予想して——しかしそれは,わたしに開かれているすべての「方向」においてではない。純粋に思惟可能な観念の複合体に関する問いがある場合——いくぶんフッサールの線に沿って[12]——わたしたちはそれらを特殊な理念的諸世界と呼び,そしてしたがってそれらを経験の特殊な諸世界から区別する。

 いわゆる周囲世界（Umwelt）は,これらの世界とは異なる。周囲世界は個々の主観や,主観の集団生活に結びつけられている。しかしそれは具体的な存在,実際に可能な状況,実際に可能な関係の複合体であり——それは超越されない複合体である。たとえば人間の周囲世界は,その中で生きる地域,属す集団の社会的条件,生産の方法等によって規定される。「世界」と比べるならば,ここでは実際に与えられるものや,実際に成し遂げられ得ることから,理念的に思惟可能なものや理念的に可能なものへの超越的移行は存在しない。たとえば周囲世界は一つかまたはそれ以上の景色によって特徴づけられるが,それは考えられ得る限りですべての景色によってではない。限界や境界を超越する能力は,精神的-身体的存在としての人間に固有であるがゆえに,わたしたちは個々の人間や集団との関係においてのみ諸世界について語ることができるであろう。しかしながら人も動物も共に,それぞれに固有な周囲世界をもっている。

 また,人間と動物の周囲世界はその者たちの現実的に可能な状況（situation）によって規定されていると言うこともできる。こうした考え方は,同様に現象学的な文献においても重要な役割を果たしている。わたしたちの思考にとって,それは意味付与の行為に結びつけられており,その行為が存在

第3講義　世界の現象学から対話の現象学へ

の特有な「配列」――或る特定の機能，つまり行為する仕方から生じる「配列」――を顕にする。しかし状況(シチュエーション)はわたしたちの生活全体の枠組みではない。「状況とは，わたしたちが自分自身の生存との関連において見出すものであり，またそれは見出された或る状況を構成する行為によって意味を獲得したものである」とボイテンディクが言うとき，わたしたちは彼に同意する[13]。

「動物もまた周囲世界をもっており，同様に事態を知っており，またそれを識別する」という発言は，自然主義的な意味に解されてはならないと付け加えておこう。「周囲世界」と「状況」は現象学的な観念であるが，それに比べて「環境」(environment)は自然科学に属する概念であることを忘れてはならない。一つの例をもってこれを示すことが有益であろう。もしもわたしが一羽の鳥を捕らえ，それをわたしの部屋のなかに放って飛び回らせたとしたら，わたしたちは共に共通の環境――つまり，空間，部屋と家具の形象，温度，気圧，湿度，放射能，そして原理的にわたしたちの感覚に影響し得る刺激，それらはすべてわたしたち両者にとって共通である――のなかにいる。それでいて，言うまでもなくわたしの状況とその鳥の状況とはまったく異なっている。

人間の周囲世界は，わたしたちが見てきたように，人間にとって現実に可能な状況の総体であると考えることができる。「世界」と「特殊な諸世界」の関係についてもまた，何かそれと似たことを言えるだろうか。明らかにそうは言えない。というのも，わたしたちはその場合にもっぱら現実の可能性のみを扱っているのであるが，ここでは現実的で，また理念的な可能性を論じているからである。そのためわたしたちは，世界と特殊な諸世界の関係を異なる仕方で特徴づけな

ければならない。そこでわたしたちは次のように言うとしよう。実質的かつ形式的に規定された世界は，特殊な諸世界の現出と生存を可能にする条件である，と。例を用いてこのことを明らかにしよう。思考がそのなかで具体的な活動，生活，または生存に直接結びつけられる世界——たとえば原始人の世界——においては，「数の世界」のような純粋に思考的な存在の特殊な諸世界への余地はない。

さらに次のような洞察はいっそう普遍的でさえある。すなわち，唯一の世界の普遍的な地平が，実質的かつ形式的に規定された世界の生成にとって一般的かつ必然的な条件である。このことはすでにわたしたちが以前の講義で示した通りである[14]。

2.「我」に対する「汝」はいかにして存在するか

問いの適切な定式化

ここでわたしたちの出発点に立ち返ってみよう。「世界」に関するさまざまに分岐した概念の確かな理解を得た後に，わたしたちは次のように決定的な問いを立てる。「汝」はいかにしてわたしの世界へ入ってくるのか。または，より正確な表現を用いるならば，「汝」はいかにして実質的かつ形式的に規定されているわたしにとっての存在（beings-for-me）の宇宙の只中に，その特殊な場所を得るのだろうか，と。

わたしたちはすでにその問いに対する答えを用意しておいた。その答えは，そのような前提をラディカルに否認することに本質があり，換言すればその問いは誤った仕方で立てられているのである。わたしたちはためらわずに言う，「汝」はわたしの世界のなかへは入ってこない，と。「汝」は我に

第3講義　世界の現象学から対話の現象学へ

先立つのであるから，そこに汝はすでに存在する[15]。より厳密には，我が一つの自我(エゴ)であるよりも前に，我にとっての「汝」はすでに「汝」であると言うべきであろう。そしてわたしにとっての世界が存在する時にのみ，我は一つの自我である。わたしたちはこのことのなかに，何が具体的に含まれているのかは後に見ることになるが，さしあたりこうした洞察に対する否定的な帰結を導かねばならない。何人かの著者が叙述しているように，一つの自我が突如としてその者の世界の只中で，もう一つの別の自我の意識となるというのは現象学的には考えられない。その著者たちが叙述する事態は，いかなる現実的経験とも一致しない。この点もまた，後でさらに詳細に検討することになる。

しかしながら，わたしたちは自分たちの立場を設定するのであるから，すべての困難が克服されるわけではない。それどころか今や，次のような問いが特殊な切迫感をもってわたしたちに注目することを強いる。すなわち，もしも「汝」がすでに世界のなかにあるならば，その場合，それはいかにして我に与えられるのか。この問いは単に認識論的，または実践的意味においてのみ理解されてはならない。それは第一に，いかにして我は或る世間的な存在が「汝」であることを知るのか，また，いかにして我は一つの自我として「汝」に関わるのかなどを意味しているのではない。ここでわたしたちが直面しているものは，まずもって存在論的な問題であり，そしてその問いを正しく定式化するならば，「汝」が我に対して存在するということがいかにして生じるのか，である。

2. 「我」に対する「汝」はいかにして存在するか

「存在への性向」の理解

これは古くからの問題であり、それは異なる視点から取り組むことが可能である。もっとも容易に思い浮かぶ解答は、すでに以前の講義のなかに用意されている。それは世間的存在の究極的な統一体である[16]。ドゥ・ヴァーレンが言うように、すべてのものは共通のきずなによって結びつけられている。すべての有限な存在は、世界の普遍的な地平のなかで自然な共同体を形成する。わたしと同じように、それらもまた存在として自身を保存しようとする。そのためわたしは、それらの「存在への性向」(tendency to be)、つまりスピノザが呼ぶところの存在への努力（*conatus essendi*）[17]を理解する。またわたしは、それらが世界のなかで自身の存在を不安に感じていて、それに関わっていることを理解するし[18]、またわたしは共通した状態のなかでわたしをそれらに結びつける何ものかを感じている。

もしもそのような世間的存在が、多少なりともわたしの存在と似た様式をもっているとすれば、ことによるとわたしはそれらをいっそうよく理解するかもしれない。そうするとわたしは、ディルタイが『精神科学』において導入し、それをボイテンディクやプレスナー、そしてメルロ=ポンティが現代の心理学においてよく用いた意味での *Verstehen*（了解/理解）のカテゴリーをそれに適用するようになるだろう。たとえば生命の現象について考えてみよう。わたしたちが未知な類の動物——その動物の器官が形態論的、そして機能的視点からわたしたちを困惑させるような——を発見したとき、それにも関わらず、通常わたしたちはその動物がいる状況を理解する。つまりわたしたちは、それが何かから逃げているとか、または何かを追跡したりしている、または餌を与えてい

たり隠れていたり，身を守っていたり何ものかを攻撃するといった印象を受ける。

「わたしたちが世界のなかで共にある」という一つの根源的な状況は，根源的な理解に向けて開かれているような，いわば一連の特殊な状況——少なくとも高等動物の生命の次元において——へと分岐する。こうしたことが原理的にいかに説明され得るのかという問いは，後に議論するとしよう。さしあたって，世界の内にいるわたしが，わたしとは別の多数の具体的な有限な存在と運命を分かち合っていること，またこのことが，まずもってわたしが他なる存在へ向かうことを可能にするということに気付くのには十分であろう。

他者への志向的方向づけ

現象学者はこの意識の方向づけ（conscious turning-to）を，他のものとしての異他的なものへの志向的指示（intentional directing）と比較しようとするであろう。こうした考え方は，第二の方法において「汝」の問題へと取り組むことを可能にさせる。というのも，わたしたちが行った普遍的地平としての世界の分析が，志向的な方向づけ一般がもっている根本的な特徴を指し示すことを可能にするからである。

上述した「根源的な事態」，つまりわたしたちは共に，普遍的な地平に取り囲まれているという事態から出発するのが良いであろう。世界の地平が究極的には超えることができないように現れるというのは真実である。しかしわたしたちがすでに述べたように，本来的にそれは「開かれた」地平なのである。地平はそういうものとして探究，発展，豊饒化をもたらす。もしもわたしが制限された自己の存在を拡大しようとするならば，わたしは自身を他なる存在へと向けなければ

2.「我」に対する「汝」はいかにして存在するか

ならない。というのは、それらはわたしではないものであり、それらはわたしが欠いているものを所有している。そして、それらはわたしが知らないことを知っているからである。それゆえ他なる存在は、わたしが自身の有限性においては所有していないものを補うことが可能である。ハイデガーが強調するように、わたしは一つの有限な存在として他者に依存しており[19]、またそうした依存の存在論的な根拠は、他者がわたしに関して相補的であるという事実である。

この観点からするとは、志向性とはわたしの意識が或る物または或る人との関係のなかへ入っていくことに他ならない。わたしの志向が「充足」しているときには、志向的な「傾向」は満足するようになる。このことは志向されるものがわたしに対して直接的に現前するとき、申し分なく妥当する。こうして、ただちに次の点がそれに付随して生じる。すなわち、わたしたちは志向性を非人格的もしくは没個性的な超越論的力動性の表現と見なすのではなく、むしろそれは他者とのきずなに対する根源的な存在的なる欲求（primodial ontic desire）の表現と見なすことである。この欲求は単なる機能、活動、行為、そして業績によって満たされることはあり得ない。通常、他者が他者として現前するということは、開放性、受容性、そして受苦によって獲得される。

志向的な方向転換、あるいは超越論的な偉業

第三の考察への前置きとして、わたしたちがここで問題にしている志向性の概念は、超越論的現象学が言うところのそれと対置されるべきであろう。そうするとひとは、なぜわたしたちの志向性の概念がそれほどまでに超越論的現象学の概念と根本的に異なるのかと問うことができる。だが、そこに

第3講義　世界の現象学から対話の現象学へ

は簡潔に叙述すると三つの理由があると考えられる。

1. よく知られていることであるが，フッサールは志向性を「作用-志向性」（act-intentionality）と「機能する志向性」（functioning intentionality）の二種類に区分する。前者は能動的にその対象へと向けられているという事実に本質があり，後者は自律的に生じる機能の——たとえば連合を形成する機能のような——すべてを包含している。そうしたいっ際の主要な認識や意志とは無関係に起こる過程をフッサールは「受動的」と呼ぶ。この意味で彼はたびたび「受動的総合」や「触発されている」そして「時間化されている」に言及する。しかしながら，究極的には機能している志向性は，匿名の超越論的生命に結び付けられている。しかしこの生命は，究極的にはすべての物とすべての人の生命であるように思われるので，その性質からしてもはや受動的ではあり得ない。すべてを包含すること，絶対的であることがそれにとって特徴的である。超越論的であることを辞めることなしには，それはいかなる方法においても何か他のものから何かを受領することはできないし，また他の人から何ものかを受け取ることもできない。そのため自然的態度においては受動であるように見えるすべての行為は，超越論的行為へと，またあるいは生産的な超越論的行為へと変貌する。たとえば時間化されたすべてのものは，それ自身の存在を絶対的な主観性による時間構成の流れに負っている。それはその流れの「根源的な源泉」から「発生する」[20]。それゆえに超越論的主観性は全体として能動的な精神として理解されなければならない。

88

2.「我」に対する「汝」はいかにして存在するか

シェーラーはそれがアヴェロエスのヌースにたとえることができると指摘している。

2. さしあたってこの思弁的な推論に過ぎない観念は置いておくとして，考察するのは作用-志向性に限定するとしよう。そうすることによってでも，わたしたちの反論は残されている。というのも，作用-志向性は精神的な傾向（tending-to）と考えられるからである。ところで精神の純粋な求心的行為は——それを認識，努力，評価の行為とすることによって——二つの存在者間の真の関係に入り込むことができないというのは当然である。そうした行為は，わたしに対して何物かが，あるいは何者かが現前するという事態がいかにして生じるかを決して説明することはできない。比喩を用いれば，相互に照らし合う二つの懐中電灯は，いかなる方法によっても相互に結び付けられないのである。換言すると，たとえ超越論的現象学者が，まさに我としてのわたしを構成するということ，またわたしの志向的営為を通して他の自我を構成するということを示すことができたとしても，その時でさえ，わたしが直接的に他者と共にある存在（being-with-the-other）であるという単純な現象を説明するのには最大の難問が残されたままであるだろう。サルトルの「表情」の弁証法は，志向性が遠心的特性をもつと考える学説によって終局的な帰結を導き出す。

3. 諸々の反論がもっている最後の根拠は，歴史上のフッサールがまさにその端緒からして作用-志向性を客観化するものとして特徴づけていたという事実のなかに横たわっている。志向的行為は，「その」対象に方向

第3講義 世界の現象学から対話の現象学へ

づけられているのであって,その他の何かに対してではない。明らかにこのことは,いかにして一つの主観が他なる主観によって或る主観として認められるのかを不可解にしてしまう。より一般的にはわたしたちは次のように言わなければならない。超越論的現象学は,超越論的主観性と構成された対象を導入することによって,主観と客観との距離を絶えず増大させてきた西洋哲学の傾向を極端にまで推し進めている,と。わたしたちはそうした物の見方が矛盾にまで導くのではないのかを問わねばならない。

一般的に,また原理的に,もしもわたしたちが主観によってもっぱら能動的な存在を,また客観によって純粋に受動的な存在を理解しようとするならば,その時にはそれら二つの間の具体的な関係は何も明らかにならないということを理解しなければならない。というのも,そうした関係は何から成り立っているのだろうか。わたしたちの経験によると,すべての具体的な行為は——認識のすべての行為を含んで——それに対する抵抗を与える何ものかを要求する。しかしそうした抵抗はどこから生じてくるのだろうか。すべての努力は——認識へと向かう努力をも含む——その目的に到達することを妨げる障害を乗り越えていく。そのため再び抵抗の可能性が前提される。創造の神のみが,無から創造された存在を授けるのであり,何ら障壁を考慮にいれる必要がない。したがって主-客関係が超越論的現象学においては生産的な関係へと変化してしまっていること,またサルトルの実存論的な現象学においては「無化」(nihilating) の関係へと帰着したことは偶然ではない。マルティン・ブーバーが強調して前面に押し出した,すべての関係は相互依存の関

2.「我」に対する「汝」はいかにして存在するか

係（reciprocity）[21]を要求することの明証性は完全な優位性を失っていない。

現前とは何か

ブーバーの有意義な考え方が更なる哲学的発展を必要とすることは事実である。もしもわたしたちが「現前」（presence）を空間における共存在（co-existence）とも，あるいは時間における同時性と呼ぶのでもなく，むしろそれがわたしの近くにあり，触れることができ，また身近である限りにおいて，つまりそれがわたしと共に在る限りにおいて具体的な現実の存在であると呼ぶのであれば，その時には三つの形式的な原理がそれらの根本的な関係に適用され得るであろう。

第一に，わたしはこの現実的な存在にとって，それがわたしにとって存在することなしには現前することができない。ブーバーと共に，人はこのもっとも一般的な原理を「相互依存の原理」と呼ぶことができるだろう[22]。

第二に，或る様式上の法則がこの存在論的な原理と一致する。すなわち，わたしがこの現実的な存在に対して現前する仕方は，その存在がわたしに対して現前する仕方と普遍的かつ必然的に調和する。

第三に，或る類似した法則が，相互に現前する有限な存在の力動性についても当てはまる。この法則は次のように表現され得るであろう。わたしが或る現実的な存在を「扱う」その仕方は，一般的かつ必然的にこの存在がわたしを「扱う」その仕方と調和する，と。

根本的な誤解を避けるために，先にこうした相互の関係が，必ずしも左右対称的(シメトリカル)なものではないことを書き留めておこう。たとえば，或る父親が彼の息子に対して現前する仕方

第3講義　世界の現象学から対話の現象学へ

は，その息子が父親に対して現前する仕方とは同一ではないし，教師が生徒に関わる仕方も，生徒が教師に関わる仕方とは異なる。ブーバー自身もこの点を明確に表現している[23]。様式上の原理は，双方の様式がお互いから独立しているのではないということ，つまりそれらが相互に関係づけられていて，互いに適合しているということを単純に教えている。もしそうでないなら，二つの存在が相互の関係に入ることは不可能であろう。

　上記において定式化した三つの原理は，意識の存在，行動する人格，もしくは相互に語り合う人達にのみ妥当するのではない。この原理は狭い意味での対話に関してのみ妥当するのではなく，むしろ存在論的な意義をももっている。この点を簡略な分析によって明らかにしよう。ブーバーは「働き，活動性とは〈一方的な〉作業に過ぎない。人格の核心には或る力があって，そこから前方へと進んで行き，素材（matter）のなかにそれ自身を植えつける」と言う[24]。だがわたしたちはこうした相互性の原理の限定には同意しない。ブーバーが言うところの素材とは，その特性と構造によって，それ自身が形作られる特定の仕方へとそれ自身を導くような，具体的に特定の類の素材である。たとえば，彫刻家はその素材の本性に注目する。その者は自分が意図する仕事の視点から素材を選択する。したがってその関係は決して一方的ではない。

　ここで実践的な関係について言われていることは，同様に認識の関係にも適用され得る。オイゲン・フィンクがこの点を指摘している。知られ得る存在は，単にそれ自身を指し示しているのみならず，知る者に対して自分自身を現している。フィンクが言うには，「存在はそれが現れるとき，またその姿をあらわすときには，それ自身を超え出る」[25]。わた

2. 「我」に対する「汝」はいかにして存在するか

したちはより具体的に次のように言うことができる。たとえば，もしもわたしたちが観察したいと願う物が，それ自身を開示しないならば，つまりそれがわたしたちにとって不可視的で，視覚によっては捉えることができないのであれば，わたしたちはそれを知ることはできないであろう，と。したがって，その物がそれ自身を開示しているときには，それはある意味で「一緒にはたらく」〔協働的な〕対象なのである。

このようなことが事物の一般的にして必然的に在る仕方であるならば，わたしたちは必要な帰結を導き出すことをためらうべきではないし，むしろそれを注意深く，また体系的に行うべきであろう。ここから生じる最初の消極的な結論は容易に定式化することができる。つまり，わたしたちは絶対的な主観という考えと，その主観によってのみ存在する客観という考えを放棄しなければならない。そうした考え方は，わたしたちのすべての自己経験および他の現実についての経験と矛盾する。わたしたちは純粋な行為であるとか，または総体的に抵抗をもたない受動性といった経験をなんらもってはいない。具体的な存在と共にあるわたしの存在が力動的である限り，それは能動と受動の相互作用という形態をとる。この相互作用は，時に主観と客観の役割が入れ替わり得るようなものである。より厳密に言うと，「相対する」主観——つまり特定の関連においては顕著に能動的な主観——は，相対的な客観になり得る。また他方で，「相対する」客観——つまり特定の関係には顕著に受動的な客観——は，同じように相対的な主観になり得るのである。

このいくぶん複雑な問題を一つの分析によって明確にしよう。わたしたちの知覚生活にとって特徴的な或る関係を，あえてわたしたちの分析の項目として採り上げてみよう。困難

第3講義　世界の現象学から対話の現象学へ

を避けるために，人類が自身の自由になる感覚器官を一つしかもたないと，つまり触覚しかもたないと想像してみよう。換言すれば，そのような人間は盲目で聾唖であり，味覚や嗅覚をも欠いている。その者たちが現実や相互の認識に到達し得る唯一の方法は，触覚印象を通してのみである。

　それらの〔触覚のみをもつ〕主体は，当然のことながら，伸ばされた腕や敏感に差し出された指と密接にかかわっている。この主体は「何かが欠けている」予期がここにあること，そして「何かが在る」という可能性によって有利であり，それらは経験に先立って作用することを意味する。ここで，二人の盲人が偶然に出くわしたとしよう。その者たちは衝突という方法によって接触をもつ。すると彼らは，「そこに何かが在る」ということだけを知る。これが示すことは，知覚とは接触（contact）をもって始まるにもかかわらず，それは〔衝突という意味での〕接触ではないということである。

　これら二人の盲人たちは，最初の衝突の後に，いかにして知覚に至るのだろうか。その答えは，両者が同時に身体全体を移動させることによるというのでは決してない。というのも，この方法によってはどちらも何ら知識を得ることができないからである。知識を発展させるためには，両者の間で暗黙の理解がなければならないことは明証的に必然である。一方が触れようとするとき，他方は自身に触れることを許す。一方が触れる動きをしようとするとき，他方はあまり動かずにいる。一方が知覚しようとするとき，他方は自身が知覚されることを許す。そしてその後に彼らは役割を交代する。これがそうした二人の人がお互いを知るようになる唯一の方法である。

2.「我」に対する「汝」はいかにして存在するか

　この例はわたしたちにもっとも多くのことを教える。一方の盲人が明証的に主体としての役割を「演じ」，またもう一方の人が認識の客体の役割を演じている。「客体」は無関心や無感覚，あるいは無感動ではない。客体は何かを受けることによって，忍耐をすることによって，また動かないままでいることによって，知覚が生じるように協働しているのである。これがその者自身を顕にする方法なのであり，フィンクの表現では「その姿をあらわす」方法である。そしてその二人の役割が入れ替わるとき，主体であった者は今や客体となり，客体であった者が主体となる。

　ここからわたしたちは一つの重要な哲学的帰結を導き出さなければならない。すなわち，或る主体であることと，或る客体であることに一致するような，不変な存在論的特性といったものはない，ということである。今や一人の存在は，コミュニケーションによって要求されるものに従って，相対する主体の役割を果たし，そして次には相対する客体の役割を果たす。その相互作用を支配するのはたった一つの法則である。つまりそれは，わたしたちが上で定義した意味での相互依存の法則である。

　このような洞察は真新しいものではない。ヘーゲルが「力の相互作用は両者の相反する規定のうちに，つまりそれらの存在がお互いにとって，そうした規定において，また規定の絶対的で直接的な入れ替わりのなかに本質がある」[26]と言うとき，彼はわたしたちに二つの具体的な存在間の力動的な関係の本性が有する現象学的に正当化された特質を提供している。同時に，諸力の間に生じる相互作用のイメージは，お互いに対話的に関係づけられた事物間での相互作用の「事例」であることは明らかである。しかしながらこの点をさらに発

展させるのに先立って，わたしたちは或る深刻な困難を議論しなければならない。

3. 思考可能性（*cogitabilitas*）の問題

ここで超越論的現象学者の側から予想される反論について考えてみよう。彼らは恐らくこう言うであろう。超越論的現象学は「世界外（alien）の領域を探索する」のであるから，わたしたちの批判は的外れである，と。わたしたちの論述はすべて具体的な存在間の関係に関わっているが，フッサールはサルトルと同様に本質的に異なる種類の関係のことを語っている。

フッサールに関して言うと，超越論的現象学者たちの議論によれば，まさに彼の還元はすべての存在を「括弧に入れ」，そして現象へと変えられているそれらの存在が，自分自身のために要求する現実がどこから来るのかを，問うているに過ぎない。ところがここでは，志向性の法則が適用されている。つまり，わたしが意識する現象学的な対象は，もっぱらわたしの意識における特定の行為と機能に一致する。それらは特定の意味付与（*noeses*）によって生命を吹き込まれた諸々の認識されたもの（*noemata*）に他ならない。したがってわたしの意識は一つの現実として理解されるべきではなく，むしろそれによってすべてのわたしにとっての現実（reality-for-me）が基礎づけられている。こうした超越論的な意味においてのみ意識は一つの主観なのであり，またこの超越論的な意味においてのみ現実の全体がその明瞭な姿で一つの客観となる。フッサール自身はそうした根本的な考え方を，「わたしは考えられたものを考える」（*Ego cogito*

3. 思考可能性（cogitabilitas）の問題

cogitata）という公式によって表現する。

　ここでわたしたちは、「純粋意識」の考え方に反対して生じる批判は省みないでおこう。実存論的現象学者たちがすでに指摘していたように、超越論的-現象学的な純化を通して意識は人間の身体から分離される。そして身体とともに、或る状況、周囲世界、実質的かつ形式的に規定された世界との繋がりが超越論的-現象学的還元のえじきとなる。そのような非宇宙的、非歴史的、そして非社会的な意識、換言すれば、世界の中に住んでいない意識を受け入れることは困難となる。

　わたしたちは例えばメルロ＝ポンティによって述べられているような、そうした批判を再び議論するつもりはない。わたしたちはその代わりにフッサール自身のコギトについて述べておきたい。よく知られているように、フッサールはデカルトの・わ・た・し・は・考・え・る（*Ego cogito*）を修正し、かつ、完成させた。現代の西洋哲学の展開をよく知るものであれば、何人もそれによってフッサールが偉大な一歩を踏み出したという事実を疑うものはない。しかし新たな公式であっても、それが完全には満足のいくものではないという可能性はある。というのも、それは二つの解釈に寄与しているからである。第一にそれは、単なる相関関係の表現として捉えられ得る。そうすると、*Ego cogito cogitatum* が意味することは、「わたしは意図する」（*Ich meine*）、そしてわたしの意図は「意図されたもの」（*das Gemeinte*）と・一・致・する。もしもこれがその公式が意味するものであるとすれば、それは世界を揺るがすほどの重要性はもたないであろう。なぜなら、その時それは単なる形式的な一致を示しているに過ぎないからである。

　第二に、フッサールのコギトは創造的な関係を表現してい

第 3 講義　世界の現象学から対話の現象学へ

るということも真実であろう。そうするとそれは，次のことを意味している。すなわち，わたしは志向し，そしてわたしが志向することによって——他の何によってでもなく——志向されたものが前方に現れてくる。この解釈においてその公式は，一切の自己経験のなかでは示されない何ものか，あるいはそれとは他の何ものかを確定している。しかしそうした主張は，フッサールの仕事が本性上記述的であるという点で，彼の著作全体の精神と矛盾するであろう。

　そのためわたしたちは，コギタートゥム (*cogitatum*) によって何が本当に意味されているのかをいっそう厳密に問うてみよう。「志向されたもの」とは，厳密にはいったい何であろうか。一般的な解答は次のようであろう。すなわち，コギタートゥムとは意味された対象であり，わたしが捉えた事柄であって，わたしが捉えた通りのものである。だが，わたしは考えられたものを考える (*Ego cogito cogitatum*) という公式は決してまるでパラス・アテナが鎧を身にまとってゼウスの頭部より生まれ出たのと同じようには——わたしが「志向する」ことから完全に捉えられた事柄が生じることを意味しない。もしもこのことをその公式が表現しようとしているのであれば，いかなる構成的な分析も不可能であろう。したがってフッサールによる感覚的ヒュレーと志向的モルフェーの議論，受動的総合と同一視的総合の議論，そして構成の「階層」と段階の議論は不可解となろう。〔その時には〕彼の現象学における発生的様相は崩壊するであろう。

　それどころか，もしも構成が意味付与の歴史的過程であるとすれば，何らかのものが事柄の理解に先立ち，またそれが先立つのは偶然的にではなく必然的にである。そうすると，コギタートゥムは意味付与の過程で最初のものではなく，最

98

3. 思考可能性（cogitabilitas）の問題

後のものである。わたしの考えでは，それがコギトの——フッサールと同じようにデカルトのコギトの——根底に横たわる原理を定式化しなければならない理由であり，またその結果として，それはいっそう根底的なものと解されなければならない。その原理とは *Ego cogito cogitabile* すなわち，わたしは考え得るものを考える，である。

現実に存在するコギトの根底

こうした原理の公式化は，不可避的に一連の新たな問いを，つまり第一にその公式の実際の意味に関する問いを生じさせる。それは形式的な相関関係を示しているのか，または創造的な関係を示しているのか。わたしたちの新たなコギトは実在論への回帰を意味しているのか。「思考可能性」は自然主義的な意味での現実，つまり何らかの方法でわたしのコギトを「引き起こす」現実として理解されねばならないのか。

これらのことはすべて，わたしたちの探求から取り除かれる。わたしたちが信じるところでは，思考可能性の問題はデカルトの根本理念の現実的あるいは観念論的解釈よりもいっそう根本的である。それはわたしたちの予備的考察においては脇に置かれていた存在論的な問題を包含する。世界内の有限な存在は，共通の「運命」——それらの存在はわたしたちが理解する「存在への性向」（tendency to be）をもつという——のなかで，また共通の根源的な状況のなかで共に結び付けられている，とわたしたちは本章の冒頭で述べたのではなかったか。わたしたちは方向づけ（turning-to），関係（relationship），そして関与（dealing-with）を論じたのではないのか。すべてのそうした概念は，暫定的にはいかなる

第3講義　世界の現象学から対話の現象学へ

内容をも欠いており，ハイデガーの現存在やヤスパースの共存在といった問題に関係しているに過ぎないとわたしたちは確信している。それらのすべては，まさに原初的でありながらも，示される必要があるものを前提している。つまりそこには少なくとも事実的な存在が一つあり，それはわたしがあるのと同じ仕方であり，含蓄のある意味で「わたしと共にある」のである。

ここでは「事実的」（factical）という用語が極めて重要である。それは理解可能な事物や本質，直観的な可能性ではなく，現実に存在する確実性を言っているのである。わたしがそのような確実性をもたない限り，上述したすべての概念は形而上学的な思想が回転する真空のなかを漂っている。わたしはいかにして周囲の存在が現実存在において自分自身を保持しようとし，それらが或る状況において自分自身を見出す「運命」をもっていることを知り得るのか。なぜわたしはそれらへと向かい，それらとの関係に入り込み，それらに関与するのか。いったい誰があの「現前」は，よく聞こえる言葉（nice-sounding word）に優るものであると言うのか。いったい誰が他者の存在は事実においてわたしの存在と同一であることを保証するのか。このことが明らかにされない限り，コギトと考えられ得ることの可能性は謎のままであろう。

そうするとわたしたちの問いは，コギトが基づいている可能性の基盤に関わるものである。明らかにこうした基礎は他のコギトのなかに求めるべきではない。というのも，それは際限のない連続へとわたしたちを導くからである。そうした連続を避けるためにも，わたしたちは次のように問わねばならない。すなわち，コギトに対するコギタートゥムのそれではなく，むしろ際立って現前する何か，つまりすべての意

3. 思考可能性 (cogitabilitas) の問題

図すること，考えること，そして志向的に向かっていくことを可能にし，世界の思考可能性を保証する「原初的現前」(original presence) が現にあるのか否かである。

生活がわたしたちに教えていることは，わたしの思考による考えではない——最初はそうではない——現前があるに違いないということ，つまり，わたしに対して「根源的に現前する」存在があるということである。最初に考えられ得るもの，*a primum cogitabile* がある。わたしたち皆がそれを知っているし，日々の生活のなかでそれの名称をもっている。わたしたちはそれを「汝」と呼ぶ。だがわたしたちは，「汝」がホモ・サピエンスという種の標本ではないということに留意しなければならない。「汝」がどのような種類の「種」であるのか，またその代表者がどのような特徴を提示するのかは，わたしたちが対象化する経験に基づいて知るものである。「汝」は対象を捉えるのと同じ仕方によっては捉えられない。より厳密に言うと，「汝」が完全に汝であるならば，それは対象化する経験から免れている。「汝」は「信じられる」。ここでは明らかに，「信じられる」という言葉が神学的討論やヒュームの哲学とは違う意味をもっている。わたしたちは「信頼」や「信仰」によって，その最奥の本性においては対象化する認識から独立している現実の肯定を意味するのである[27]。

その意味ではわたしが「汝」を肯定することは，自分に対するすべての疑いを超越しなければならず，わたしの更なるコギトによる肯定がそれにかかっている「根源的な信」(*Urdoxa*) として特徴づけられねばならない。というのも，「汝」を身近に感じることは根源的な現前であり，それは他の存在との関係が有意味であることをわたしに信じさせる

第3講義 世界の現象学から対話の現象学へ

からである。或る「汝」へとわたしが向かっていくことは，もっとも基本的な方向づけ（turning-to）であり，それがわたしの志向性を呼び覚ます。要するに，ただ「汝」のみがわたしを一つの「我」とする。それが「汝」は常に「我」に先立つとわたしたちが何度も繰り返して述べてきた理由である。

　この原理は人間の生活におけるすべての様相とすべての段階を含んでいる。フッサールは根源的な信を，経験される事物が「与えられること」との関連において述べている[28]。わたしがいやしくも触れたり，味覚したり，見たり，聞いたりするに値するものがあるのを知るのは，厳密には一人の「汝」の仲裁を通してである。また「汝」はわたしに次のことも教えてくれる。すなわち，操作され得る現実があること，たとえば特定の使用法に定められた「用具」（ハイデガー），わたしの労働によって変えられる物質（マルクス）が現にあるということである。「汝」との能動的−受動的な相互作用がなければ，わたしは自己の現実存在が社会的次元（メルロ＝ポンティ）をもっていることを知らないであろう。要するに，いかにして「汝」がわたしに与えられるのかという超越論的現象学に特徴的な問いに対してわたしたちは，再び〔それが与えられているという〕前提を否定することによって答えようとする。「汝」はわたしに与えられるのではなく，むしろわたしに与える者である。そして汝がわたしに対して与える者であるがゆえに，わたしによって「信じられる」のである。

　ここで再びフッサールへ戻るとしよう。よく知られているように，フッサールは『デカルト的省察』の第五省察において，超越論的現象学の方法を用いて間主観性の本性を説明しようと試みた。この試みは懐疑や批判，そして拒絶の対象と

3. 思考可能性（cogitabilitas）の問題

なった。多くの攻撃のなかで，おそらくアルフレド・シュッツの攻撃は，それがフッサールによってもたらされた諸問題の完全な理解に基づいていたために，もっとも的確なものであろう[29]。

フッサールは他我の実在を，知覚された自然の実在から演繹しようと試みる。しかしながら，実際にはまさにそれとは正反対のことが真実である。自然とは本質的にわたしたちにとっての自然（nature-for-us）であり，わたしたちに対して知覚を通して開示され得る自然や，または実践的に支配され得る自然が存在することを「汝」がわたしに示すのである。わたしたちは，更に進んで次のように言わねばならない。完全に孤立して有限な意識とは,潜在的な意識（dormant consciousness）であろう，と。わたしを覚醒せしめるもの，意識と自己意識の自我を呼び覚ますものは「汝」である。換言すると諸々の意識的な存在は，相互的でなければ意識的となることができないのである。M. ネドンセルによって明瞭に示されたように，それらは相互作用の関係において相互に成立する[30]。わたしたちの考えでは，対話の根本理念はまさにこの点において，現象学的哲学がその袋小路を克服するのに役立つ修正手段を提供する。

有限なコギトとはなにか

対話的な視点を採用するために支払われるべき対価は，深く根付いた思考の習慣を放棄することである。このことはすでにこれまでの考察によって示されている。だがここで議論のために明示的に提起したい一つの視点がある。もしもコギトがもはや唯一の，単独で，すべてを含む意識ではないとしたら，それは有限なコギトであり，それ以外の選択肢はな

第3講義 世界の現象学から対話の現象学へ

い。実存論的な現象学者はすでにこの点を理解していた。彼らは身体、知覚、そして言語が不可欠な条件であることを発見した。そして思考の行為が世間的な性格をもっていること、またそれは歴史的に、そして社会的に条件づけられていると指摘したのである。とりわけメルロ゠ポンティはこの点について先駆的な仕事をした[31]。しかし依然としてわたしたちの考えでは、彼の考察はいっそう完全なものとされねばならない。

最初に有限なコギトという言葉によって、わたしたちが一般的に何を意味するのかを明確にしよう。第一講義のなかで、わたしたちは思考の有限性が自己限定（self-limitation）からは生じ得ないことを示した。これが不可能なのは、思考が或る限界について考えるときには、同時にその限界を超えるものをも同時に考えているからである。だが、わたしたちのコギトは有限である。そしてそれが有限なのは、思考をしている間に思考の地平を呼び起こすからである。換言すると、それは特定の内容をもたない思考へと導くのであり、つまり何ものかを把握すること（grasping-of-something）ではなく、予想による把握（grasping-by-anticipation）へと導くのである。人間のコギトが有限だと言わねばならないのは、この意味においてである。

しかしながら、そうした一般的な考察ではまだ十分ではない。それらは現象学者によって正当化された問い、すなわち有限性はどのように自己自身を現すのかという問いに答えていない。しかしわたしたちは今や、その問題に直面するのに十分な備えがある。わたしたちが先に行った反省の趣旨では、意識の有限性は三つの形でそれ自身を明らかにすると言うことができる。

3. 思考可能性（cogitabilitas）の問題

　第一に，この有限性は普遍的な地平として現れ，それは「否」(no) によって，コギトとして「わたしが在る」(I am) ことは，それに「成ること」(To Be) ではないということを，簡潔に言えば，このコギトは超越論的特性を要求できないことを知らせている。

　第二に，コギトの有限性は，それが何者かあるいは何物かに対する「応答」でなければあり得ないという事実によって自己自身を明らかにする。また，この応答存在（being-a-response）は，単に他のコギトを「含んでいる」こととはまったく異なる。これはわたしの「思考」——人がそれによって何を意味しようとも——が決して最高の行為ではないということを意味する。わたしが考える様式を，考えられねばならない様式に調子を合わせることなしには，わたしは思考することができない。だが，「汝」は「最初に思考可能なもの」(*primum cogitabile*) であるがゆえに，わたしは第一に自分の思考を「汝」の存在に調子を合わせなければならない。またわたしたちは次のようにさえ言うことができる。すなわち，一般的に言ってわたしの思考が生じるのは，思考し，かつわたしを思考の「応答」へと招く「汝」が存在するからである，と。この「汝」こそが，思考が可能であり，また有意味なものであることをわたしに初めて明確にする。このことはまた，わたしのコギトの有限的にして社会的，そして歴史的な特質をも明らかにする。

　第三に，わたしのコギトが有限であるのは，それが「汝」と共に一つの世界を構成するようになる必然性のためである。より注意深い表現を用いるならば，これは次のことを意味する。わたしたちが同一の「様式」で与えられる存在の総体を理解し，またそれを超越する仕方において，わたしは自

分の思考を「汝」の思考に調子を合わせるということである。もしもこれが事実ではないならば，わたしたちは共通の実質的かつ形式的に規定された世界のなかに生きようとはしないであろう。その場合，我と汝は決して「わたしたち」にはなり得ない。

他方で，調子を合わせること（being-attuned-to）は，完全に一致すること（conforming-to）と同一のことを意味しているのではない。わたしたちにとって世界の共通した実質的かつ形式的規定は，全体的もしくは不変的である必要はまったくなく，むしろそれは理解と超越がもっている一般的な「様式」のみに関わっている。

すでにフッサールがそれを疑い[32]，また実存論的現象学者が強調したことは，否定することができない現象的所与，すなわち，わたしにとっての世界，この個人，そしてわたしが属している具体的な「わたしたち」の間には常に確かな緊張があるということである。またこのことはわたしたちが上で示したことと一致する。身体的，社会的，歴史的，そして人格的に条件づけられた存在としてのわたしが存在へと方向づける方法は，究極的には無二(ユニーク)である。しかしこの無二であることは絶対化されるべきではなく，それはただ相対的なのである。というのも，それは特定の歴史的な時間に，或る団体，或る階級，あるいは或る人たちに特徴的な現実への方向づけ（turning-to-reality）を背景にして，それ自身の輪郭を現すからである。それゆえに，フッサールによって言及された「個人的な世界の形式」は，多かれ少なかれ共同社会における世界の形式が分岐した変形なのである。また，この言明は原理的には天才，英雄，革命家，宗教改革者の世界についても妥当する。彼らのコギトもまた，言葉の絶対的な意味に

おいては無二ではない。

4. 対話的構成

対話とは何か

読者はわたしたちの構成についての考え方が，超越論的現象学者とは異なること，そしてわたしたちの対話の観念もまた，対話の哲学から逸脱していることに留意しなければならない。したがってわたしたちは，これら二つの根本的な概念を明確にしなければならない。

わたしたちは第二の点，つまり代表的な対話の哲学者としてのマルティン・ブーバーを論じることから始めよう。彼の主著『我と汝』は，まさにその最初の行からして，発話，言葉，そして言語の哲学として現れている。このことは，もしもブーバーがそのなかで生き，そして彼の考えを発展させた「風土」について考えるならば驚きではない。しかしながらわたしたちは，そうしたアプローチが人間の現実存在における多様な段階に十分考慮しているのかを問わねばならない。今日では何人も「我」と「汝」の間に，言語的に表現されないままに留まっているだけでなく，むしろ名もなき「匿名」の関係があり得ることを疑うものはいない。わたしたちはここでとりわけ情緒的−身体的次元と実践的次元における「我」と「汝」の相互作用を問題にしている。これらの次元は単に発生的および比較人類学的な観点からのみ重要なのではなく，それらは成熟して文明化された人間の生命においても重要な役割を果たすのであり，そこでのそれらは時に前景となり得るような背景として機能する。

これが意味することは，わたしたちが対話の概念を拡大し

第3講義 世界の現象学から対話の現象学へ

なければならないということである。それは単にシンボル的な音によるコミュニケーションからだけではなく，主体間の相互的なコミュニケーションから成り立っている。わたしたちが以前に述べたことに一致して[33]，わたしたちが対話的存在について言及するのは，「汝」に対するわたしの現前が，わたしに対する「汝」の現前と調子を合わせるときである。或る力動的な定義がこの存在論的-静的な叙述と一致する。すなわち，能動的-受動的な相互作用としての対話は，わたしが「汝」に「関わる」仕方と，「汝」がわたしに「関わる」仕方とが調子を合わせるときに，それは現れる。このかかわりは，前-理性的な特徴を示すことができ，それは言葉のない仕方でも生じる。またそれはひとつの身体-主体（body-subject）が他の身体-主体を理解することの上に，成り立つことができる[34]。だがわたしたちの考えでは，そうした事例もまた，存在に関する対話的方法の歩みであり，段階なのである。

たった今わたしたちが与えた定義の誤解を避けるために次の三点が留意されねばならない。第一にわたしたちは，相互依存の関係とは左右対称的(シメトリカル)ではないということ，そして調子を合わせることは一致することを意味しないという警告を繰り返し発しておこう。

第二に，わたしたちの定義のなかで言及された対話のパートナーは，以前の「最初に思考可能なもの」に関する考察において叙述された意味での「汝」である。それに関してわたしたちは，「汝」との対話は根源的なイメージであり，また「本当の」（the）対話の模範であることを示唆しておきたい。「汝」がその（the）他者となり得る仕方と，その他者がわたしにとって或る他者となり得る仕方は，社会生活の現象学に

おいて広範囲に叙述されるべきである[35]。わたしたちの定義はそうした対話の変形を排斥するのではなく、それらを包含する。

第三に、調子を合わせることは調和的に（harmoniously）調子を合わすことと同一ではない点を指摘しなければならない。それどころか、緊張や意見の相違、実践的また理論的アプローチの分岐がないならば、対話はただちに停止するであろう。他者と衝突できない「汝」は、その人と本当に話すことはできない。さらに言うと、対立・敵意・衝突は、わたしが「汝」に関わり得る方法に属しており、それらは対話の部分であり、一断片である。これらの方法は、現象学的であると呼ばれることを望む社会哲学の主要なテーマに属すべきである。

構成とはなにか

このような説明の後には、もはやよく議論された構成の概念を超越論的観念論の薄暗がりから取り出し、それを現象学的な日の光にさらすことは困難ではない。わたしたちにとって構成することとは、無意味なヒュレー〔質量〕に有意味なモルフェー〔形態〕を付与することを意味しない。このことのなかに志向性の本性があるとすれば、志向的な方向づけ（intentional turning-to）は謎のままであろう[36]。また、構成は存在しない何物かに存在の意味が与えられることを意味するのでもない。というのも、一人の哲学者が表現したように、それは一種の観念論、「意味を付与する観念論」だからである[37]。

それどころか構成することとは、常にいっそう明瞭な意味を与える連続した過程であり、ドゥ・ヴァーレンがかつて述

第3講義 世界の現象学から対話の現象学へ

べたように，それは「意味の促進」（promotion of meaning）である。そのことが「意味を与える」という表現は決して絶対的な意味において理解されてはならない理由である。意味を与えることは決して絶対的なゼロから始まるのではなく，それは絶対的に無意味なものから有意味なものを魔術的に呼び出すのではない。またそれは言葉の絶対的な意味で創造的なものでもない。というのも，わたしが意味付与の行為へと進んでいくとき，普遍的な地平としての世界，他者，そしてわたしたちの実質的かつ形式的に規定された世界は，常に構成要素だからである。

意味付与の過程はさまざまな段階を経験する。ことによるとわたしたちはそれらの最初の段階を，情緒的-形態的段階と呼ぶことができるだろう。身体的な必要と，生物学的な衝動や恐れを通して，わたしたちを取り巻く「景色」のなかに最初の有意味な構造が立ち上がってくる。これらの必要や衝動は，他の精神的-形態的主体，そして純粋に形態的な主体によって，身体の経験を通して捉えられる。そしてそれらが最初の理解へと導くのである。

それに続く段階は，位置や動き，そして空間の支配を通してさまざまに「操作される事物」を扱う能力によって特徴づけられる。ここでの周囲世界の構造は「近い」と「遠い」，「前」と「後」，「容易」と「困難」という現象によって規定される[38]。他者はわたしの実践的な行為を知覚するだけでなく，それを知覚している間は同様にそれを理解もしている。こうしてわたしたちが相互に関わり合うことができ，一緒に遊び，そして一緒に働くことを可能にする実践的な理解が生じる。

精神的-形態的存在の間でもまた，最初の客観性が保証さ

4. 対話的構成

れるのは，或る存在が具体的な「わたしたち」の仲間のすべてによって認識され，認められ得るときである[39]。換言すると，このような或るものを同一のものとして考えることは，すべての者にとって，またすべての者によって，可能とされなければならない。これが成し遂げられ得るのは，唯一，言語によってのみである。したがって構成の過程は，有意味で一貫した言語記号を，同一の事物へと適用することによって完成される。こうした理由から，わたしたちは次のように言わねばならない。すなわち，或る物がわたしたちによって，またわたしたちにとって構成されるのは，わたしたちがそれに与える意味が，わたしたちの命名によって「印を押される」ときである，と。その時にのみ，「志向の極」や焦点の問題が現れる。つまり情緒的にであれ，実践的にであれ，あるいは認知的になどであれ，すべての人が同じ仕方で自身をそれに向けることができる，まったく同じ存在に関する問題が現れる。

現象学の非神話化

これらのすべてから，恐らくはわたしたちが取り組んでいる対象が明瞭になるであろう。それは現象学を非神話化することである。構成の概念は一つの例として役に立つだろう。しかしながら，ただこの〔構成という〕概念を明確化しようと試みるよりも優っていることが含まれている。当然のことながら，わたしたちはそうした明確化が大いに求められていることを認める。たとえばオイゲン・フィンクは，フッサールが「構成」という術語を四つの異なる意味で用いたことを発見した[40]。

いっそう重要なことは，たとえその答えが常に単純で明白

第 3 講義　世界の現象学から対話の現象学へ

であるとは限らないとしても、対話的現象学の枠組みのなかで、構成する行為における「だれが」、「いかにして」、そして「いつ」に関する問いが生じ得るという事実である。誰が構成するのかという問いに対しては、まずもって「わたしたち」である、と答えなければならないだろう。ここで「わたしたち」が意味することは、単にわたし、あなた、他者、わたしたちが共に生活し、かつ働くための社会＝経済的または歴史的な方法だけでなく、わたしたちの身体、わたしたちの世界、唯・一・の・（the）世界なのである。言い換えれば、前‐人格的な諸現実もまた、その過程に含まれている。そのため人は次のような好ましい定式を与えようとするであろう。すなわち、「そ・れ・はそれ自身を構成するが、わたしたち無しにではない」と。あるいはより厳密には、「それはそれ自身を構成するが、最後の決定的な意味付与は、人格的な存在としてのわたしたちに残されている」と。

　構成の「いかにして」という仕方も、対話がもち得るあらゆるレベルにまたがって、対話のなかで、かつ、対話によって生じてくる。対話は決してそれ自身のみに関わるような、孤独な意識の働きではない。そしてこの方法によって、「いつ」に関する問いにもまた回答が与えられる。構成はわたしたちの対話的な現実存在（dialogal existence）において連続的に生じている。だが、それが完全であると考えられるのは、或る存在がわたしたちの会話のなかへ十分に取り入れられるとき、つまりさまざまな仕方であっても、同一のものとしてわたしたちのすべてがそれについて語ることができるときである。

4. 対話的構成

非神話化と神秘

このことはすべて、わたしたちが理解するところでは、主観〔的内在〕と反省の哲学という古い伝統との断絶を意味している。もしもわたしたちの視点が正しいとすれば、構成というものは他の自我によっては決して十分に知られ得ない自我の神秘的な内面性において起こるのではない。構成とは、その存在の様式が謎めいている〔フッサールが説く〕モナドから成る社会の所産ではない。それは誰の意識でも、何ものの意識でもない超越論的意識から流れ来たりはしない。そうではなく構成はわたしたちの眼前で、わたしたちの形態的-精神的、社会的、そして歴史的な生活の明るい日の光のなかで起こっている。またそれは生理学・心理学・社会学・人間学そして歴史学によっても探求され得る局面をもっている。

このことにも関わらず、構成が依然として神秘であることは言うまでもない。というのも、どのようにして「世間性」、身体的存在、社会性、そして歴史性が、わたしたちの構成において独自な仕方で相互に絡み合っているのかを、上述した諸科学の専門家の一人もわたしたちに告げることができないからである。恐らくは対話的哲学における革新の本質は、もはや世界の背後にある世界のうちに神秘が横たわっているのではない点に成り立つであろう。それは身体や感覚的所与、あるいは社会-歴史的過程の背後に隠れてはいない。神秘はわたしたちの間やわたしたちの傍で、またある程度は、わたしたちを通して起こる。見えるものを信じ、そして信じるものを内省する者は神秘をも見る。他方で見えるものを信じないで、理論や体系、そして範型を信じる者、自分自身の思考による構築物のみを反省する者は、決して神秘に出会うことはないであろう。その人が出会っているのは無意味性であ

第3講義　世界の現象学から対話の現象学へ

る。

第4講義
自覚の成長[*]

1. 他の自我を認識すること

はじめに

人間が自分自身の同胞を知り，また見分けることができるということをかつて疑った者はいない。実際問題として人はそのことをかなり容易に見出している。人はそのことを，距離を測ったりチェスの問題を解いたりすることと比べ得る一つの達成と見なすのではない。他の自我を知ることや見分けることは，なんら努力もなしに「極めて自然に」起こる。しかしわたしたちはこれがどのようにして起こるのかを知らない。実際的な行動においてはかなり単純に思われることに対して，何世代もの哲学者や心理学者が錯綜した理論的説明を与えようと非常な努力をしてきた。ここで自然と思い起こされる名前は，たとえば，ジョン・スチュアート・ミル[1]，フェルディナント・アヴェナリウス[2]，テオドール・リップス[3]，エトムント・フッサール[4]，マックス・シェーラー[5]，ゲシュタルト心理学者たち，ジャン=ポール・サルトル[6]，ノーマン・マルコム[7]，そしてアルフレッド・エイヤー[8]である。これらの著者たちはもっとも鋭い議論を提示しており，また，彼らの理論は多くの点においてとても興味深い。

第 4 講義　自覚の成長

ところがそれらのどれ一つとして，真に説明されるべきことにはいかなる説明も与えていない。

　ここでそれらの哲学者や心理学者たちの考えを再検討することは不可能である。わたしたちが意図することは，いくつかの例を用いて次の点を証明することである。すなわち，彼らは問題の核心を，つまり他の自我として他我を認識するということを明らかにしていないという点である。人間はある原初的な本能の衝動を通して他の個人の内的生活を知り，そして〔それによって〕内面的な経験を共有するというリップスの主張のうちに，いくらかの真理があることは確かである。ところが問題は，なぜその原初的な本能が特定の存在に関して働いても，その他の存在に関しては働かないのかということである。どうして私はそれを他の人たちについては強調できても，人工知脳の機械については強調できないのか。

　シェーラーが共同感情の現象を指摘した際には，彼は確かに何か重要なものを把握していた。しかしそれでも，なぜわたしは他我に対しては共感するのに，それ以外の類の有機体に対しては共感しないのかは不可解なままである。それと同様に，他の人間は一つの形態（ゲシュタルト）として現れるという事実は，ほとんどすべての心理学者たちに認められている。ところが樹木や三角形もまた，形態としてわたしたちに現れる。そのため他我の形態はそれ以外の形態といかに異なるのかという問いは残されたままである。

　わたしたちが上述した著作を読み，それらの諸理論を学ぶと，彼らはみな同じ問いを扱っているという印象を，つまり彼らはただ思考の方法と言語が異なるだけで，決定的な解答に到達できていないという印象を避けることができない。そこには解決へと向かう進歩すらほとんど存在しないのであ

1. 他の自我を認識すること

る。

メルロ＝ポンティの「身体‒主体」という概念

 そのような進歩を欠いた哲学的人間学において，一つの例外が指摘されねばならない。その例外というのはメルロ＝ポンティである。彼はこのきわめて重要な問題が常にそれによって表現されてきた諸々の用語を批判的に吟味した最初の――そして現在でもただ一人の――思想家である。メルロ＝ポンティは「他我の問題」によって真に意味されているものは何かを問うた。他我とは自分自身を一つの意識であると考える存在のことを指している。それはちょうど，わたし自身がまずもって一つの意識であるのと同様であり，そしてこの後者に関しては，その人が新カント主義者や超越論的‒現象学的思想家，そして意識の心理学者を自称しようと，あるいは実存哲学者を自称しようとも，その皆が信頼できるデカルト的な思考の型にすがりついたままである。換言すると，哲学者たちは反省によって自分自身を知る一つの意識を自我と見なしているのであって，さらに言うと，自我がもっている自分自身の内的意識についての内面的な知識は，事物，自然，そして世界についての知識とは本質的に異なると考えている。メルロ＝ポンティのもっとも偉大な功績の一つは，そうした見かけ上では自明であるように思われていた諸前提にあえて挑戦したことである。

 わたしは自分自身をまずもって一つの意識として，すなわち，それ自身にとって，またそれ自身の反省にとっては完全に透明である意識の内面性であると考えることは，はたして本当に真実であるだろうか。このことをメルロ＝ポンティは断固として否定する。彼の考えでは，わたしは自分自身をま

第 4 講義　自覚の成長

ずもって「世界を摑む力」として，つまり知覚を通して自分自身を方向づけ，世界のなかで実践的に振る舞う存在であると考えている。実践的な志向と同様に，知覚の志向はわたしの現実存在という観点からは有意味であり，意味付与である。ところがこの意味〔付与の行為〕は心的な意識をもって始まるのではなく，むしろ自我-身体をもって始まるのである。未だなお人格的ではないこの自我-身体——そしてこの意味では純粋に「自然な」自我-身体——は，知覚の起源，運動神経の起源，初歩的-実践的，性的，そして表情的志向の起源である。これこそメルロ＝ポンティが身体-主体に言及する理由であり，それは意識でも事物でもなく，むしろ「存在に関する第三のあり方」[9]を表明している。

　これによって，わたしたちの問題に関して先へ進む一歩が真に踏み出された。というのも，もしもわたしが自分自身を，まずもって世間的な現実（worldly realities）を取り扱う存在として，さまざまな状況において実践的に行為する存在として，もろもろの事物や状況に生物学的な意味を授ける存在として考えるならば，わたしは他の身体-主体のことも同じ仕方で考えるであろうからである。換言すると，逃げたり身を守ったりする存在や，隠れたり扶養したりする存在をわたしが知覚するとき，わたしはそうした振る舞いの仕方をそれの「内部から」理解し，当のその存在を他の身体-主体として認識する。その際わたしとその他者との間には，実践的-生物学的レベルでのある種のコミュニケーションの可能性が存在する。

　メルロ＝ポンティによる新たな思考のモデルは，この点についてはわたしたちの助けとなり得るが，そこまでである。彼が自分自身で補足しているように，他の身体-主体は他我

1. 他の自我を認識すること

では決してない[10]。他我には精神的意識も属しているが、わたしはいかにして他の身体-主体が精神的意識をもっていることを知るのだろうか。これを説明するためにメルロ＝ポンティはフッサールによる説明を拠り所としている。他我の身体はわたしの知覚によって現前し、他我の意識は知覚される身体との連合によって「付帯的に現前化」(ap-present) される[11]。この連合の基礎は、わたし自身の意識がこの身体-主体の機能との密接な繋がりをもつという事実のなかに横たわっている。しかしこのような思想の道筋はわたしたちを再びデカルト的な小路へと導いていく。そしてただちに典型的な疑いが再び姿を現してくる。なぜわたしは他のものではなく特定の身体-主体を知覚するときに、或る意識を「付帯現前化」するのだろうか。たとえば、なぜわたしは蛇や蜘蛛を他我としてではなく、身体-主体であると考えるのだろうか。ついでにメルロ＝ポンティは、身体-主体は自然的対象を取り扱うが、他我は文化的対象を取り扱うとも指摘する[12]。しかしこれは満足のいく説明ではない。いまや古い問いが新たな装いで戻ってきたために、その問題は単にそれによって置き換えられただけに過ぎない。わたしはどのようにして文化的対象を文化的対象として認識するのだろうか。

それゆえわたしたちが信じるところでは、わたしたちはメルロ＝ポンティの精神において答えを探し求めねばならないが、それは彼の言説に即してではない。

出発点の規定

わたしたちの出発点に戻るとしよう。実際に行ってみるとかなり単純であるのに、それを説明しようとする理論においてはかなり困惑させるとき、人はその理論に何か誤りがある

第4講義　自覚の成長

という疑いをもたずにはいられない。その場合ここでは論理的な誤謬を探す必要はなく，むしろ，ことによるとその問題が表現されてきた哲学的な「言語」が適切ではないという可能性を真剣に考察しなければならないとわたしたちは考える。

哲学者たちが自分自身に語る言語，相互に語り合う言語，あるいはお互いに対決して語る言語は，歴史的に条件づけられている。歴史家は他我の問題が古代と中世の哲学においては何ら役割を果たさず，むしろそれは現代においてのみ現れたということを奇妙に思うであろう。周知のようにデカルトは現代哲学の父と考えられており，確かにそれは事実である。デカルトは彼に反対した者たちにさえ，極めて大きな影響を与えてきた。そのため人は，デカルトと彼に影響された哲学者たちはこの問題を解決不能にする概念とカテゴリーを用いたのではないかと疑うであろう。これが実際に事実であることを示すのは難しくない。デカルトの，あるいはデカルトに影響された思想にとって二つの典型的なテーゼを明確に表現すれば，わたしたちの問題に関してそれらから導出される帰結を示すのに十分である。

これら二つのうち，第一のテーゼはこうである。自我とは思考の主体，つまり意識的作用（*cogitationes*）の主体である。或る主体である（being-a-subject）と考えられ得るその仕方には，大きな相違がある。〔そのような事態を〕デカルトは「思考する実体」と呼び，ロックは「内的世界」と，カントはわたしのすべての意識的作用に伴われる「わたしは考える」〔統覚〕と，フッサールはそこからすべての客観化する志向が生じてくる「自我の極」と呼ぶ。当然のことながらそのテーゼは裏返すこともできる。つまり意識的作用の主体

1. 他の自我を認識すること

が自我であるとも言うことができる。また消極的な観点からは，意識的作用の主体ではないものは自我ではないと主張することも可能である。

　第二のテーゼはこうである。すべての自我は反省を通してそれ自身の思考あるいは意識的作用を呼び出すことができる。ここでもまた，その命題は裏返して読むことができる。つまり，わたしが反省を通して呼び出すことができるものはわたし自身の思考である。

　ひとたびこれらの前提が受け入れられると，いかなる自我も他我との繋がりをもつことはないという帰結から逃れることはできない。しかし当然そこで問題となるのは，これらの前提が真実であるのかどうかということである。そしてわたしたちはこれに対して力強く否定をもって答える。自我およびそれの思考に関するわたしたち自身の考えを，デカルト的な概念とのもっとも鋭い対比のなかに置くために，他我の認識という問いに関してわたしたちが暫定的な出発点であると考える五つの命題を定式化するとしよう。

　1. 自覚とは，機能，作用，そして志向の「実体的な」主体ではなく，自我が存在するあり方である。
　2. わたしたちが自覚と呼ぶ存在のあり方は不変的ではなく可変的であり，それは異なる形式をとることができる。
　3. 自我は明確な自己認識をもつことなしにも自覚的であり得る。この場合，自我は自分自身を反省してはいない。
　4. 自我は志向的に対象に方向づけられなくとも自覚的になり得る。
　5. 非志向的・非客観化的な自覚は，発生的な観点から

第 4 講義　自覚の成長

すると，もっとも古い自覚の形式である。

しかしながらこれがすべてではない。わたしたちは自覚の可変性に関して，二つの異なる様相を区別しなければならない。第一に，それらは客観化する自覚と客観化しない自覚というような，相互に本質的に異なる自覚の形式に関わっている。第二に，それらは自覚的であることが変化する程度に言及しており，その度合いは無自覚であることが下限である。これらの程度と関連して，わたしたちは純粋に力動的な関係について考えるべきである。伝統的には静態的に自覚的であると考えられてきたものは，いっそう詳細に考察すると，無自覚的になることから続いて自覚的になるという連続した過程である。わたしたちはここで，存在のもっとも気まぐれで，不安定で，そして「脆い」様式を取り扱っている。ただ一方向のみに流れる泰然とした小川というような伝統的な自覚のイメージが人を誤った方向へ導くものとして烙印が押されるためには，これだけで十分であろう。比喩を用いるならば，たき火にたとえるのが良いであろう。それは〔最初は〕くすぶっているが，〔後に〕ぽっと燃え上がり，しばらくは光と熱を拡散するが，やがて消えてなくなる。

しかしながらそうしたイメージのすべてはそれほど哲学者の助けにはならない。わたしたちは現象学者としてそれらのイメージの正確な意味を探求しなければならない。わたしたちは次のように問わねばならない。わたしたちの主張の論拠は何か。それらは純粋に思弁的なものではないのか。自我が自覚的になることと無自覚的になることに関して，わたしたちはいかなる経験をもつのだろうか，と。

1. 他の自我を認識すること

自覚的になることと無自覚的になること

　実際には過剰な経験がある。これらのうちでもっとも一般的なものは，疲労によって自覚が減少することである。たとえば，書き物をしている間にわたしの注意力が低下し始める。わたしがこのことに気付くのは，わたしがかなりはっきりと区別すべき諸概念を混同したり，関係性が明瞭であるときでさえその繋がりを確立することができなかったりするからである。わたしは「混乱して」集中することができない。より正確に表現すると，わたしは自分の世界における諸対象への確実な理解力——この場合は特定の哲学的世界の概念への理解力——を失くしてしまっている。その結果としてわたしは論理の法則によって要求されるような，「結合」と「分割」という古いゲームで遊ぶことができない。メルロ＝ポンティによると，もしも注意が心的領域を支配するための自覚の力であるならば[13]，疲労による注意の減退は心的「風景」の解体のうちに現れる。

　無自覚的になることのもう一つの種類は毎日経験することでもあり，それは眠り込むことである。フッサールは多くの未発表の原稿において「眠りによる中断」（*Schlaflücke*）を哲学的に考察している。眠りから覚めることもまた現象学的記述の主題になり得るのである。

　しかしながらわたしたちの問題にとってはそのような記述はほとんど価値をもたないであろう。目が覚めるという事例について考えてみよう。わたしが深い眠りから覚めるとき，わたしはただちに昨日わたしに起きたことを思い出す。わたしの周囲世界というよく知っている状況が次々と〔わたしに対して〕現れてきて，それらによってまた，わたしの世界の地平も現れる。この主張は，そのなかではわたしの研究対象

第4講義　自覚の成長

の秩序だった連鎖に対する把握力が失われるという上述した状況のように、いっときの疲労の現象にはいっそう多く妥当する。わたしはすぐに〔その状況から〕立ち直り、もう一度それらを確実に把握する。どちらの場合においても自覚的になることが困難や遠回りなしで即座に、そして容易に生じている。なぜならわたしは獲得した知識、わたしの心的所有物――フッサールが表現するところでは、わたしの「習慣性」――に自分自身を基礎づけることができるからである。また、他方でそれはすでにわたしの客観化の機能が経験を発達させ、獲得しているからである。

しかしこのすべては、わたしたちが先に定式化したテーゼを確立できる方法ではない。わたしたちのテーゼのなかには、客観化を行わない自覚に関する問題が存在し、発生的にはそれが自覚的であることのもっとも古い形式である。さらに言うと、前の章においてわたしたちは「汝」の根源的現前に言及していた。わたしたちは自我の周囲世界や或る世界への志向的で客観化する方向づけが、自覚的になる段階としてはより後期の段階に相当すること、また、この段階が長く困難な発達によって始まったと主張する。わたしたちはこのことを証明するために、ポール・リクールが表現したような「主体の考古学」[14]へと進んでいくべきであろう。わたしたちは自我の起源、および自我がもつ人々や事物との自発的-受容的相互作用の起源を辿るべきである。客観化する思考において経験され、反省することを好むような成熟した人間となる前には、わたしはいかなる存在であったのかを問うべきである。かつてはいかなる存在がわたしにとって実在したのか。それらはいかにしてわたしに与えられたのか。これらの問いがわたしの誕生からいまに至るまで、わたしの生活全体

1. 他の自我を認識すること

に関して答えられなければならないであろう。要するにわたしたちは，わたしの自覚についての完全な個体発生論を吟味しなければならないであろう。

方法論の困難

わたしたちがここで遭遇する困難は克服できないように思われるかもしれない。わたしが自分の発達過程を思い出すことは不可能であり，また明らかにその理由は，わたしの自覚には学ぶことと同じ程度に忘れることが含まれているからである。もう一度繰り返すが，自覚的であるというのは，実際には自覚的になることと無自覚的になることの問題である。そしてわたしたちは特定の内容について無自覚的になることに対して，「忘却」という名称を与えている。

しかしながら最大の困難は次の点にある。もしもわたしたちのテーゼが妥当であるとすれば，以前のわたしの世界−内−存在（being-in-the-world）の仕方は，現在のわたしの仕方と本質的に異なっている。たとえば，わたしが幼少期に人々や事物に関わっていた仕方は，現在のわたしの仕方とはまったく異なる。ところでわたしたちが第一講義において見たように，いまやそうした典型的な経験がわたしの発達のうちに「埋もれる」ということが生じ得る。わたしたちはただ古い経験の層が「覆い隠される」という理由だけでは，実際にはわたしの発達は停止できないということに気付いた。わたしたちが明らかにしたように，この点については現象学者の反省的で追想的な取り組みは役に立たない[15]。

リクールはわたしの誕生が根本的にはわたしの死と同様に，わたしにとっては神秘であり，近づくことができないことを指摘している[16]。ところが彼がわたしの誕生について述

第4講義　自覚の成長

べていることは，等しくわたしの最初の経験にも，つまりわたしが初めて人々や事物に立ち向かったこと，わたしの人生における最初の探検にも適用可能である。それらは無数のまったく異なる構造をもった新たな岩層の下に埋もれた古代の地層と比較することができる。わたしはわたし自身を調査する「考古学者」としては，努力しても決して自分自身のもっとも古い岩層を暴くことはできないであろう。

　超越論的現象学者はここでその限界に到達する。その者は決して自覚的になることの起源も，「わたしたち」の起源も叙述することができるようにならないし，或る世界がわたしたちにとって生成されること（coming-to-be-for-us）を再現することもできないであろう。しかしながら対話的現象学者は反省や追想という手段に制限されない。対話的現象学者の方法論はそれと本質的に異なる。というのも彼は，「汝」との対話をもつことができるからである。彼は自分自身に先立っていて，注意深く，かつ，体系的に彼の発達を見守ってきた他者に立ち向かうことができるのである。

　対話的現象学者は明瞭な意識をもって，シェーラー，メルロ＝ポンティ，リクール，ボイテンディク，そしてプレスナーのような彼以前の現象学者たちが行ってきたことを行うことができる。すなわち，彼は経験諸科学の専門家たちとの対話に入ることができる。というのは，これらの専門家たちは特定の領域で他の多くのものによって成し遂げられた洞察や発見を比較し，批判的に吟味し，そして整理してきたからである。彼らは具体的な「わたしたち」の知識の状態を再現しており，彼らのことをフッサールにならって「研究の共同体」と呼ぶことができる。そうするとわたしたちの問題に関して，経験諸科学の専門家たちとの対話，とりわけ人間の自

1. 他の自我を認識すること

覚の発達に関する体系的な研究を行ってきた心理学者たちとの対話に入ることをためらうべきではない。

経験的な所与への哲学的反省

もちろんわたしたちは発達心理学の成果への関心が，誤解され得るということに気付いている。この理由からわたしたちは特定の誤解を取り除くことから始めるとしよう。第一にわたしたちは，心理学が哲学と論理学を含むすべての科学全体の基礎をなす根本的な学問であるという視点を退ける。わたしたちは19世紀のいわゆる「心理学主義」によって導かれたばからしい帰結をよく知っている。

第二に，わたしたちの意図は思弁的な様式において新たな心理学を創出することではない。わたしたちは心理学を経験科学と見なし，そして心理学の領域で肯定されたり否定されたりするものはすべて，経験的な手法において正当化されなければならないと考える。そこでは哲学的な構築物はまったく妥当しないであろう。

わたしたちが「真理を探究する者の対話」において，心理学者を自立的なパートナーと考えるのはこの理由のためである。わたしたちの考えでは，心理学者はこの対話に独自の特別な貢献をすることができ，そしてこの貢献は経験的な本性に関わるものである。他方でわたしたちは，自分たちに現代心理学の相対的に確実な成果を反省する権利と，またその義務さえあると考える。

この確実性の相対性と歴史的な特徴は，わたしたちを思い留まらせはしない。わたしたちは自分たちが20世紀の子供であるということ，また，わたしたちは自分たちの時代の科学的洞察を反省することを承認する——それはちょうどアリ

第4講義　自覚の成長

ストテレス，アクィナス，カント，そしてフッサールが彼らの時代において行ったのと同じである。原則的にわたしたちは，「哲学とは非‐哲学的な経験への反省ある」というアルフォンス・ドゥ・ヴァーレンのテーゼに同意する[17]。

それと同時に，哲学者による経験科学の成果への反省は哲学的であるという事実に強調点が置かれるべきであろう。哲学者の反省は経験的でも反‐経験的でもない。それは或る異なる次元に，すなわち哲学の次元に本質がある。そうすると，わたしたちがこの講義においてたびたび心理学者の発見に助力を要請しても，この要請は誤解されるべきではない。わたしたちは多くの引用から次の二点を明らかにしたい。（1）消極的に言うと，わたしたちは実証されていないア・プリオリな演繹によって，一つの発達心理学を創出しようとしているのではないということ。（2）積極的に言うと，わたしたちはここで，実際には現代の心理学によって得られた比較的確実な成果について語っているということである。

最後に，心理学的データを要請するのは，究極的には現実（リアリティ）が神秘的な性格をもつというわたしたちの確信の放棄を意味するのではまったくない。本書の最終講義はそれをとても明瞭にするであろう。目下のところは，神秘の本質に関する現代的な視点は，経験科学によるありのままの成果への反省には影響しないということを述べるに留めておこう。たとえば，もしも発生心理学が人間の生命の発生と華めき，衰弱と最終的な衰退を具体的に解明するのであれば，それは神秘との邂逅に至り得る哲学的な反省の機会をわたしたちに提供するであろう。発生心理学者がこのことを知っているのかどうか，知るようになるのかどうかという問いは，まずもってほとんど重要ではない。ここでの決定的な要素は，わたしたち

が哲学者として心理学者によって得られた成果を反省する精神(スピリット)である。

2. 自覚的になることはいかにして始まるか

そのためここでわたしたちは前例のない問いを，すなわち，存在はいかにして自覚的であるようになるのかを問う。そしてわたしたちの第一のテーゼに関連して，この問いは自我がいかにして自覚的になるのかを意味している。この公式でさえ未だに不明瞭である。それはわたしたちの第三と第四のテーゼの精神において，つまり次のような仕方で解釈されなければならない。すなわち，最終的に自我はいかにして自分自身に関係づけるのと同じように，自分自身を現実的および可能的な対象の世界へと自分を関係づけることに至るのか。いかなる発達がこれに先立つのか。そしてこの発達はどのように始まるのだろうか。

当然のことながらわたしたちは次の点を考慮にいれなければならない。すなわち，子供にとって最初は現実的な対象のみが実在するということ，また，子供は限られた数だけの状況(シチュエーション)と，限られた数だけの典型的な行動様式をもっているということ，換言すると，子供は周囲世界（surrounding world）のなかに生きてはいるが，まだ世界（world）のなかに生きているのではないということである[18]。ところが幼児に知られている諸々の状況は，特定の有意味な方において，つまり〔その子供に〕関連のある周囲世界の構造に典型的な仕方において，相互に連関をもっている。その構造の本性を規定することのうちにも幾分はわたしたちの仕事の本質がある。

第4講義　自覚の成長

ここでわたしたちは新生児による最初の反応(リアクション)や，あるいは新生児が反応を示す対象を扱っているのではないということを書き留めておこう。そのような問題はまずもって生理学者に属している。「反応」という概念は広大な広がりをもつが，その内包が小さいために，それは化学的な意味や物理的な意味をももち得る。生命のない物質でさえも反応を示すのである。しかしながらここでわたしたちが関心を寄せることは，子供はある状況の枠組みのなかで何ものかを捉えるのかどうか，またそれはいつなのか，そして子供は諸々の状況の相互連関に気付くのかどうか，そしてそれはいつなのかである。その際にのみ，その用語の厳密な意味において「〔何かを〕知覚すること」，つまり「〔或るものであると〕考えること」と，「〔そのものに〕意味を付与すること」の問題があると言うことができる。

A. 発達の前-客観的段階

思想家の注意を惹き付けるであろう最初のものは，子供が母親から産まれてくるという事実である。ところがわたしの知る限りでは，すべての哲学者のなかでマルティン・ブーバーだけが，簡単ではあるが，その事実に問題を提起した[19]。一人の人間が他の人間を通してのみ「世界に現れる」ということは，哲学的に言うと何を意味するのだろうか。この事実だけで人間の対話的な現実存在，自律の欠如，そして彼が自らに先立つ「汝」へと方向づけられていること（being oriented）の事実性を，きっぱりと確立しないだろうか。わたしたちがこれから見るように，この母親との最初の生理学的きずなは，生理学的にだけでなく心理学的にも子供の発達

2. 自覚的になることはいかにして始まるか

に影響を与える。

　幼児が最初の数週間をほとんど眠った状態で過ごすということに注意することもまた興味深い。ハインツ・レンプラインがそれを表現するように、子供の生活における最初の二か月間は「眠りの時期」(the age of sleep) である[20]。夢を見ずに眠る者にとっては世界も周囲世界も実在しない。子供は眠っている限りいかなる対象にも気付くことはないし、いかなる欲望を抱くこともなく、そしてまた何も意図しない。その子供が意味のある組み立てを思い付くことはないし、志向の極に向かって〔自覚的に〕「際立つ」(stand out) こともせず、また世界を投射 (project) することもない。子供は無自覚へと引き下がることによって、そのひ弱な現実存在を保ち、かつ、守る。睡眠はその子供の「存在しようとする努力」(endeavor to be) なのである。

　幼児が眠っていないのであれば、そこには確かにある種の性質の傾向 (tending-to) がある。しかしながらこの傾向は客観化するという特徴をもっていない。このテクニカルな表現が意味するものを理解するために、わたしたちは第一に幼児の生活における認知的な領域について考えてみよう。この領域において幼児は、その用語の厳密な意味ではいかなる「対象」をも知覚しない。心理学者たちは、新生児があらゆる類の感覚的な刺激に対して反応(リアクション)を示すが、その印象を秩序立った様式において配列することはできないということについては意見が一致している。

　たとえばポール・H・ムッセンは次のように書き記している。「新生児の感覚器官が比較的よく機能するとしても、大人がするのと同じようにその子供が世界を知覚するとは考えられない。知覚することは単純な感覚的印象の組織化と解釈

〔という行為を〕を含んでいる」と[21]。オランダの心理学者アルフォンス・コールスは次のように教えている。「新生児は誕生の直後からただちに聞き、見て、嗅ぎ、そして感じることができる。したがって音、光、硬さ、軟らかさ、濡れ、そして乾き、これらすべての性質は新生児に届く。しかしこのすべては、最初はまだその子供に対しては何も〈語らない〉。それはまだ子供にとっては意味をもってはいない。子供はそれをうっとうしいとさえ思う。子供はまだ外の世界を採り上げ、それを音、色、そして印象と一致させることができず、それを怖がりさえする」[22]と。ルネ・スピッツが次のように述べたとき、彼はさらにその先へと進んでいる。「〔新生児に〕入ってくる刺激の間には何ら区別はない。そして一見するとこれらの刺激に対する応答として生じる振る舞いは、明確ではないように思われる」[23]。

主観−主観関係の優位性

このことから、最初の周囲世界の構築は知覚に基づくものではあり得ないという事実が引き出される。だがそうすると、そもそもそのような構築は可能なのだろうか。アリストテレス以降、わたしたちは現実に関するあらゆる概念が究極的には感覚的所与に基づくということを知っているのではないのか。新生児は感覚的印象がその子供に客観的知識を与えるという仕方では、それらを理解したり発展させたりすることができないのかもしれない。それにも関わらず、子供は生まれながらに自然からある種の道具を与えられている。子供は生物学的な思慕と恐怖に満たされている。もしもそうした思慕や恐怖が単なる物理的な力であるとすれば、もちろんそれらが意味の源泉とはならないであろう。ところがわたした

2. 自覚的になることはいかにして始まるか

ちの対話的な視点に従うと、それらはこの幼い生命にとって根本的な次元の表現、すなわち、自分自身が何かに方向づけられていること、また、自分自身が〔何かに〕脅かされていると知ることなのである。

これら二つの様相は積極的にも消極的にも完全なものとされる必要がある。それらは生物学的な思慕を満足させる何かと、生物学的な恐怖を逸らす何かを必要とする。一般的な哲学的考察においてわたしたちは、このような愛情を必要とする自我の補完者を「汝」と呼んできた。わたしたちの西洋文明において、通常この「汝」は幼い子供にとっての母親になるであろう。

幼児にとって母親というものは、特定の大きさや色をもった一つの対象として与えられているのではない。むしろ母親は三重の形式において現れている。母親は、何よりも第一に、喜び、楽しみ、そして満足をもたらす者である。第二に、彼女は安全を保証する。そして第三に、彼女は周囲世界への権限をもっている。

これらの母の役割のうちで、最初の二つを数多くの心理学者たちが観察してきた。たとえばムッセンは次のように書いている。「概して母親は、幼児の食べ物、苦痛の緩和、そしてことによると触覚的な刺激に対する主要な欲求を満足させる……これらの満足の多くは、母親が子に乳を与えるときに与えられる」[24]と。そしてコールスは次のように付け加える。母親とは「暖かさ、食べ物、安らぎ、心地よい乾燥、そして笑い声や喋り声の素敵な連続に至るまで、あらゆる類の贈りものを子と分かち合う存在である」[25]。

生物学的な恐怖を抑制することに関しては、L. ジョセフ・ストーンとジョセフ・チャーチがリデルの動物実験に言及し

第4講義　自覚の成長

ている。これらが明らかにしたことは，通常では子羊や子ヤギに人為的なノイローゼを生じさせる特定の行為が，その幼い動物が母親と共にいるときは無効なままであったということである[26]。そしてレンプラインは次のように記している。「母親が居合わせると恐怖の出現を和らげるようである。母親の膝の上に座った子供は安全を感じる」と[27]。

さて，もしも母親が何ら力をもっていないとしたら，彼女は「あらゆる類の贈りものを子と分かち合う存在」ではないであろう。この力の具体的な意味が子供によって理解されるのは，その子の発達における次の段階，つまり実践的-客観的段階においてのみであるということはもちろん真実である。しかし幼児でさえ，子供は一方で母の出現と，他方で満足させられること，乾かされること，暖かい風呂に入れられること，そして苦痛から開放されることの間に繋がりを打ち立てる。苦しい空腹を満足させ得るもの，不快な濡れを取り除き得るもの，あるいは痛みを喜びに変貌させることができるものは強い力である。いかにして母親がこれらのことを成し得るのかという問いは，赤ん坊の心の中にはまだ生じてこない。

そのため，この寛容で，保護してくれて，そして強力な存在が，子供が認識し，識別する最初の存在であるということは理解可能である。換言すると，子供が他のいかなるものよりもまえに，いかなる自然的対象，いかなる文化的対象よりも前に，特定の存在としてつかみ取る（seize）ものは，この〔母親という〕存在である。この問題についてはすべての心理学者が同意している。W. メッガーはこの主題についてもっとも包括的に叙述している。彼によれば，「〈母親〉とは，彼女の現前においてはすべてのことが良くなる〈何か〉

2. 自覚的になることはいかにして始まるか

である。たいていは, 早ければ生後二週間で子供はその何かの音声だけでなく視覚的な姿をも, 他のそれに似た音声や姿から区別し始める。二か月間で一般に眼の焦点を合わせる力と, 眼で捉えたものを組織化する力が発達し, この何かは顔を獲得する——たとえそれが最初は正面を向いて, 真っすぐな姿勢であるときだけだとしても——そして, 眼はその顔の中心にある。子供が母親の眼差しに微笑みで応答するようになるのは, この時期からである」[28]。

レンプラインも実質的にそれと同じ事実を報告しており, それらに次のように付け加えている。「微笑みは人間との関係においてはじめて生じる——それが指し示していることは, 最初は受動的であるが, 後に能動的になる繋がりの形成 (contact-making) である——事物の世界に立ち向かうこと (turning-to the world of things) は, 後になってようやく成し遂げられる」[29]。それと同様にヴィルヘルム・ハンセンは次のように記している。「子供は事物を取り扱うことができるようになるよりも前に, 人との関係に入っていくということもまた, 子供の条件に含まれている」と[30]。

コールスはその点を次のように詳細に述べている。「より知覚しやすいものは, 点, 球体, 立方体, あるいは顔のいずれであろうか。最後に挙げたものが間違いなくもっとも複雑である。——子供は球体よりも色のついた点を容易に知覚する。球体は立方体よりも容易に理解される。このように成長した人間は考えたくなるであろうが, しかしそれは子供にとっては真実ではない。子供は遥かに早く人間の顔を認識する。子供は色のついた点や球体よりも, 遥かに早く母親の顔に反応するのである」[31]。

スピッツはこれに関連して「前-客観的理解」について述

第 4 講義　自覚の成長

べている。「対象の前兆（precursor）を確立することは，母親によって代表される，〔その子供がいる〕環境からくる援助に対する応答がますます組織化されることによって進む……この過程が頂点に達するのは……〔子供による〕微笑みながらの応答の出現においてであり，それは意識的で相互的なコミュニケーションを表している」[32]と。

相貌的知覚

わたしたちがこれらの場合に，母親はいかにして幼児に与えられるのかと問おうとするなら，わたしたちの問いは真に誤った方向に導かれるであろう。というのも，現象学の用語である「与えられている」というのは，或る志向の対象が主観に現れることを意味しているからである。ところが母親が子供にとって前-客観的な仕方で現前していることは確固たる事実である。わたしたち成人がそのような現前の原初的な様相を理解することはもっとも困難であるのに気付くのはもちろん真実である。この理由からして，わたしたちはここでその問題を解明し得る，或る動物実験に言及するとしよう。

ウィスコンシン大学のハリー・ハーロウは「生まれたばかりの猿たちを金網で作られた〈母親〉と共に置いた……なかには装飾のない針金の〈母親〉の胸にとり付けられたボトルから餌付けをされた猿もいたが，それ以外の〈母親〉は金網で作られてはいるが，タオル生地で覆われていた。したがって後者の構造は食べ物と大量の触覚的な刺激の両方を供給したが，前者は食べ物を与えはするが，〔後者の〕それと同等の量あるいは質の触覚的な刺激を与えはしなかった。どちらか一方の〈母親〉の元へ行くという選択肢が与えられると，猿の赤ちゃんたちはその特質を表してタオル生地の方を

2. 自覚的になることはいかにして始まるか

好み,もう一方よりも長い時間しがみついて過ごした。それは,もとは装飾のない針金の〈母親〉によって餌付けをされていた猿であっても同様であった。恐怖を引き起こす木製の蜘蛛を猿の赤ちゃんと共に檻のなかに置くと,それはいつもタオル生地の〈母親〉の元へと走っていった。そちらの〈母親〉のほうが明らかに〔その猿にとっては〕より効果的な安全の源であった」。ムッセンは——わたしたちはハーロウの実験の説明を彼に負っている——次の言葉で結論づけている。「ハーロウは,触覚的な刺激は生まれたての動物の赤ちゃんに先天的に満足を与えるため,子供はそれを与えてくれる何にでも,あるいは誰にでも,強い愛着をもつ,と結論づけた」と[33]。

しかしながらハーロウの結論は十分に満足のいくものではない。実験者が木製の代用品ではなく,鳥を捕食する本物の蜘蛛を用いていたと想定してみよう。その生きた蜘蛛は間違いなくその幼い猿に,量的および質的両方の観点からして,驚くべき種類の触角感覚を与えることができたであろう。そうすると,なぜ幼い猿はその蜘蛛に愛着をもたないのだろうか。なぜ猿はその蜘蛛から逃げるのだろうか。その猿が未だ蜘蛛に関していかなる経験もしたことがないときに,その蜘蛛が猿に恐怖を抱かせるのはなぜだろうか。そしてタオル生地の「母親」によって与えられる安心感は,触覚印象といかなる関係があるのだろうか。

刺激反応のパターンではわたしたちをここで立ち往生させてしまう。猿の赤ちゃんに恐怖を引き起こす蜘蛛の印象については,わたしたちはハインツ・ウェルナーが現代の心理学に導入した「相貌的知覚」という考え方に照らし合わせなければならない[34]。ところがウェルナーの著作において或

る重要な役割を担っていて，ここで役立ち得るもう一つの考え方がある。すなわちそれは「原始的有機物の融合的特質」（syncretic character of primitive organization）である[35]。ハーロウの実験におけるタオル生地の「母親」に関しては，わたしたちは柔らかさ，暖かさ，親密さ，優しさ，そして安全が共に幼い猿の経験のなかに含まれていると言うことができる。そしてそれらは人間の子供の経験にも同様に含まれている。ここではウェルナーによって与えられた意味での「シグナル的特性」（signal properties）に関する問題がある。柔らかさと暖かさが支配的な場所では，人は寄り添うことができ，そして安全を感じるのである。

　金網の「母親」は最初の二つの性質をもっていない。そのことが，彼女が保育者としては少ししか愛されない理由であり，そしてどうしても安全が彼女から期待されない理由である。さらに言うと，柔らかさ，暖かさ，親密さ，優しさ，そして安全は赤ちゃん猿の原始的な統覚においてのみ，統合的な全体を形成するのではないということはなんら価値がない。それどころか，宗教的な詩を含む詩のもっとも高度な形式によって明示されているように，このことは人間にとってもまた真実である。ことによるとわたしたちは，単にシグナル的な特性のみをここで扱っているのではなく，人類全体にとって深くシンボルとして感じられるようになった——そしてこれがまったくの偶然によるのではない——諸々の性質をも問題にしているのである。

感情の役割

　母親が幼児に対していかに現前するのかという問いに戻るとしよう。このことを叙述するために，わたしたちは「感じ

2. 自覚的になることはいかにして始まるか

ること」という用語を使わなければならない。ここではこの用語のすべての意味——そしてそれらは無数にある——が当てはまる。〔第一に、〕「感じること」は触覚的印象と関わりがある。また〔第二に〕それは、暖かさを経験するというような、親密さを要求する他の感覚知覚にも当てはまる。第三に、主観は自分自身を感じる。たとえば赤ちゃんは快適を感じ、十二分に満足を感じ、そして安全を感じる。〔第四に〕赤ちゃんは自分自身の状態を感じ取るが、——そしてこれが新たな視点である——それを感じ取るのは母親との接触において、また母親との接触を通してである。この接触が欠如するときには、その赤ちゃんの感情はまったく変化する。赤ちゃんは自分の母親を感じるからこそ、安心を感じるのである。そして第五にわたしたちは、幼児と母親は自分たちを一つのものとして感じていると言わねばならない。しかしこのことは、周囲から孤立した二つの個人においてのみ形成される情緒的な統一という意味で理解されてはならない。実際には、〔彼らがいる〕状況や、周囲世界のすべてでさえ、平和で望ましく、安全なものとして「感じられる」のであり、そうするとこれが「感じること」という用語における第六の意味である。

レンプラインは正当にも次のように記している。「感情は単に一人の人間を統合しているだけではなく、同様に〔他の〕仲間に結びつけ、いっそう高次な統一へとまとめ上げる。成人でさえ感情の色合い（tonality）が経験を踏まえて表現の豊かさや周囲世界の一貫性に結びつけて考えられる。このことは子供にはいっそう当てはまるため、子供はまさに特徴として〈情緒的な存在〉である」と[36]。

これらすべての意味論的な差異に共通する意味を問うと

き，ヘルムート・プレスナーが感情を特徴づけるために用いた表現よりも相応しいものは見当たらない。彼はそれを「事物との密着した繋がり」と呼ぶ[37]。ことによるとわたしたちが前に試みた分析は，おそらくプレスナーが「事柄自体との直接的な結びつき」や，あるいは「一切の隔たりを排除する繋がりの意識」という言葉によって意味するものを明らかにすることができるであろう。「感じること」そのものは，そのもっとも根源的な形式においては志向的に何ものかに向かって行くこととは正反対である。後者は常に志向する主観と，志向される対象との間の「隔たり」を含意する。しかしながらこの「隔たり」というのは，もっぱら空間的な意味だけで理解されるべきではない。「隔たりが無い」とは，まずもって感じるものと感じられるものとの間に媒介物が無いことを意味する。それでも主観と客観の間に典型的な緊張があることに疑問の余地はないが，感じる主観は，彼が自分の仲間の主観（fellow-subject）を感じるという事実によって，自分自身を感じる。反対に感じられる仲間の主観は，感じる主観が自分自身を感じるという事実によって，感じる主観に対して現前するのである[38]。

自我の自覚（Ego-awareness）を伴わない自覚

したがって幼児が言葉の本来的な意味で自我の自覚をもたないということは驚きではない。さらに正確に表現すると，幼児はまだ明確に「我々」から「我」を区別してはいないのである。コールスが書いているように，「個人，そして確実に子供は自立的ではない。彼らは人間の共同体のなかでのみ生き，かつ，成長することができる。子供はその周囲全体との或る共通の繋がりのなかで，一人の〈我〉としてでは

2. 自覚的になることはいかにして始まるか

なく，むしろ〈我々〉として生きている。そしてその子供の〈我々〉というのは，まずもってその子を取り巻く人間によって形成される」[39]。スピッツは子供とその性衝動の対象という二項関係のなかで生じる，相互依存の対象関係について語っている[40]。レンプラインはわたしたちに，幼児の社会的な関係は成人の間でのそれと比較すべきではないと確信的に述べている。彼は次のように言う。「何よりもまず〔子供には〕成人の経験に特徴的な緊張を与える我と汝の間での亀裂が欠如している。〈我〉と〈汝〉は依然として〈我々の経験〉というまったく分割されない統一によって取り囲まれている。このことは，人間同士の根源的な繋がりの形式に関して，すなわち母と子の関係に関してとりわけ真実である」[41]。

このすべてが，両親の態度，振る舞い，そして情緒——それらの本性は子供には理解不能である——がなぜ子供の生活に影響を与えるのかを説明してくれる。レンプラインによると，「子供の無意識は，感度の良い地震計のように，両親の無意識的な考え方，態度，そして偏見に反応するということを覆すことはできない。子供は両親の怒りっぽさや，不安といった不和や機嫌に対して応答するのと同様に，平穏と安全，生活の調和と喜びに対しても応答する」[42]。感情の「伝播」という用語（シェーラー）[43]がこの現象に適用され得る。この表現が指摘していることは，「伝播」の過程は自覚的な自我の外側で生じるという事実である。

ハンセンによると，子供にとって母親は周囲世界の最初の代表者である。周囲世界が子供に対して現前する仕方は，感情の相互関係にかかっている[44]。わたしたちはハンセンの言葉を，母親が子供と周囲世界の間の仲介者であるという意味で理解したい。幼児は自分自身を世話することができない

第4講義　自覚の成長

ので，その生物学的な欲求が満たされるのか，あるいは失望させられるのかは母親にかかっている。したがって母親は，18世紀の情緒的(センチメンタル)な作家がわたしたちに信じさせているような，愛の対象であるだけでは決してない。母親はその他の感情をも呼び起こすことができるのである。

　コールスが幼い子供に言及して述べているように，「母親による援助は子供に〈愛〉の充足感をもたらすが，それとは反対に，母親による拒絶は怒りを引き起こし，〈憎しみ〉を呼び覚ます。そしてそうした経験のなかに，愛と憎しみ，好きと嫌いといった子供の傾向を区分する誘引があることに疑いの余地はない。子供は自分が求めていることに曖昧模糊(あいまいもこ)としており，このことは愛と憎しみは簡単にその反対へと転じることを意味する」[45]。

　献身的な母が愛欲の感情と喜びに目覚めたり，決してしない母が怒りと憎しみを引き起こしたり，母がだれか他の人に目を向けて嫉妬心を刺激したりする。この問題に関する聖アウグスティヌスの見解はよく知られている。すなわち，或る幼児は他の幼児が世話をされているときには嫉妬するものである。もしも母親が子供を虐待するならば，もしも母親が子供の不安を鎮めないならば，もしも母親が完全に子供から手を引くならば，子供の生命力は損なわれるだろう。エリック・エリクソンの実験[46]とルネ・スピッツは，そうした傾向を指示する。ポール・ムッセンは次のように書いている。「情緒的によそよそしく，励ましてくれない環境——たとえば養護施設など，型通りで個人的な関心は抜きにして世話をされるような——で養育された幼児は，物静かで，受動的，怠惰，不幸，そして情緒的に不安定になりやすい」[47]。

2. 自覚的になることはいかにして始まるか

原初的な反応としての情緒

　母親の振る舞いは、わたしたちに知られているあらゆる情緒を子供のなかに喚起し得る。そして赤ちゃんの生活環境は成人のそれと比較すると単純であるため、ここで「情緒」（emotion）という用語によって何が意味されているのかを問うことが有益であるだろう。それは明らかに「衝動」（drive）や「欲求」（need）と同義ではない。飢え、渇き、痛み、そして眠気は諸々の感情を引き起こすことはできるが、それら自身は感情ではない。また、情緒は「動機」（motive）でもない。動機はしばしば知的な熟考に基づき、そして冷静に意図された行為に結びつくが、それは情緒には当てはまらない。情緒的な振る舞いは、ある状況や周囲世界への典型的な情緒的理解としてただちに識別可能である。「行動のエネルギー源は情動性に属しているが、一方で行動の構造は認知機能に属している」[48]というジャン・ピアジェの考え方を受け入れるならば、最後に挙げた点は理解できないであろう。

　もしもわたしたちがなぜ感情的な振る舞いがそれほどまでに容易に識別され得るのかを理解しようとするならば、感情における三つの特徴に言及すべきであろう。

　1. 情緒は常に、現代的な表現を用いるならば、本来は実存的な状況との繋がりにおいて現れる。たとえば、幼児が怒るのは空腹のためではなく、むしろその子の存在が脅かされていると感じるからである。何人もその子供が空腹によって死に至りはしないということ、また、母親は食事を与える用意ができているということを納得させることはできない。子供は或る生物学的な欲求を感じている。それと同様に、幼い子供における不安は、未知なるもの、奇妙なものによって脅かさ

第4講義　自覚の成長

れたという感情である。このことから，不安は恐怖とは異なる。恐怖は典型的な危険の知覚によって生じるのであって，わたしたちはそれを「情緒」(emotion)というよりはむしろ，「情動」(affect) と呼ぶ。

2. 情緒的な振る舞いは，本来は突発的で表現的である。ただちに人がそれに気付くのはそのためである。これは消極的な観点からすると，情緒的に振る舞う人間は，反省，正当な理由の発見，動機の考量を基準として行為するのではないということを含意している。それと同様に感情的に振る舞う人は，明確な帰結を得ることを可能にする適当な手段や，あるいはもっとも適切な一連の尺度を見つけようともしない。教養ある成人が感情に圧倒されているときには，消極的であるという印象をもつのはそのためである[49]。

3. 情緒とは主観の側の，原始的な反応形式である。わたしたちが情緒に触れるのは，主観が自分の周囲世界や，あるいは自分のいる状況を，客観化するという仕方で見るときではなく，むしろ実存的な欲求や恐れの見地からそれを直接的に見るときである。このことは幼い子供に関してはほとんどの場合，事実である。ところが成人であっても実存が危険に晒されるときには，それが現実に起ころうと，ただ見かけだけであろうと，いつでもそのような単純な行為の形式に立ち戻ることがある。そのとき欲望，欲求，思慕，不安は，成人を打ち負かすほどに強烈なものである。そのような場合に人間を特徴づけており[50]，仲間の主観，事物，状況に対する態度決定を可能にする，「根源的な隔たり」が消失する。そして一人の成人としての人間

2. 自覚的になることはいかにして始まるか

によって構成された客観的な世界もまた，その意味を失うのである。

　情緒から導き出される帰結は，すでにある程度はこれまで追求されてきた。感情にとらえられた人間は思慮や熟慮なしに行為する。その人はふさわしい手段を用いることも，あるいは理に適った道筋を辿ることも忘れてしまう。その人は「冷静な頭脳をつかって」物事を判断しない。それゆえ感情の餌食となった人が行為し始めるときには，方向づけ（orientation）が欠如している。これの良い例は，ルネ・ドジャンによって研究された，いわゆる「パニック・フライト」である[51]。また，怒りに任せて戦う者は，その対戦相手が冷血で，テクニカルに戦う術をもっている場合には敗北する恐れがあることはよく知られている。また他方で感情は，原初的な敵対者を威圧して萎縮させることが可能な生物学的エネルギーの噴出としても現れる。

情緒の諸次元

　既述の情緒概念は，わたしたちの次のような確信と結びついている。すなわち，ある前-客観的な構造が人間存在の基礎に横たわっているということ，つまり，客観化する認識や，差異を識別しようとする意欲に基づくのではなく，むしろ生物学的な衝動から湧き出る構造が横たわっているということである。それゆえこの構造は，対象や目標，あるいは目的といった用語で叙述されることはできず，むしろ，ただ感情的に高い点や低い点が指し示されるだけである。そのような高い点や低い点は，「情緒の次元」に特徴的である。

　ここでのわたしたちの考察を，幼児の母親に関する初期経験の分析と結び付けてみたい。通常，母親は満足をもたら

第4講義　自覚の成長

し，苦痛を取り除くということをわたしたちは見た。そして彼女は喜びを生じさせ，不安感を取り除く。彼女は力強く，無力を感じている子供を扶助する。もしも母親がこれをすることができないならば，子供のうちに怒りと憎しみが湧き上がる。この分析に即して，わたしたちは情緒における三つの根本的な傾向を区別してみたい。

1. 喜びへの先天的な欲求と，その切望を満たす手段を妨げるものを嫌うという欲求。
2. 安全への生得的な要求と，不安を引き起こすものへの反感。
3. 力への欲求と，無力を超克しようとする傾向。

わたしたちはこの三つの情緒の次元を，ラテン語の *libido*〔性的欲求〕，*securitas*〔安全〕，そして *potestas*〔力〕という用語によって示しておきたい。実際の行為においてこれら三つの次元は，次の対称的な組み合わせによって特徴づけられる。すなわち，愛の最高点と憎しみ，喜びと苦しみ，勝利と絶望である。

当然のことながらこれらすべての考えは，類比的に把握されねばならない。たとえば幼児における欲求の充足は，明らかにそのもっとも高まった地点でも成人の恋愛における慕情の発作（paroxysm of love）と比較できるものではない。それと似たように幼児の絶望は，罪の意識に苛まれた犯罪者のそれとは大きく異なる。けれどもわたしたちの考えでは，ここでは正当にも類似性を指摘することができる。というのは，〔情緒が〕そのような高い点や，低い点に達する成人は，容易にそれとして識別され得る感情的な振る舞いの次元に舞い戻るからである。

情緒の諸次元に関するこの理論は，情緒的感覚に典型的な

2. 自覚的になることはいかにして始まるか

両面価値(アンビバレンス)の説明をも与えてくれる。今日この両面価値は，オイゲン・ブロイラーによる精神病理学の研究においてよく知られている。しかしながらわたしたちが見たように，この両面価値もまた健常な子供や健常な成人において或る役割を担っている。なぜ愛はそれほどまでに即座に，そして容易に憎しみへと，意気揚々が落胆へと，優越の征服感が劣等の憂鬱感へと変わるのだろうか。何らかの構造がこの両面価値の基礎に横たわっているに違いない。わたしたちがピアジェの視点を受け入れることができない理由はそれであり，彼は構造とは本来いつでも認知的であると仮定している。このような仮定は，まさに彼の「構造」概念のきわめて一面的な定義の帰結である[52]。

　わたしたちの意図は，ここで情緒に関する新たな理論を提出したと主張することではない。最初の二つの情緒の次元——すなわち *libido*〔性的欲求〕と *securitas*〔安全〕——の意義は精神分析学によって発見され，そして *potestas*〔力〕の意義は個人心理学によって発見された。わたしたちはまた，子供による初期の情緒経験が，一人の人間としてその子供の発達に特定の方向性を与え得るという，深層心理学の両学派の学説に同意する。しかしわたしたちが受け入れることができないのは，客観的な世界の構築が，もっぱら衝動の「昇華」のみに起因するという考え方である。わたしたちはメルロ＝ポンティに従って身体とその情緒の器官を「理性の必要条件」と見なす。それらは理性の「前‐価値」であり，非明示的に理性的である。それらは意味付与における最初の源泉を構成し，現実についての情緒的な，あるいはウェルナーが表現するような「相貌的」特徴に関与している。こうすることで身体とその感情の器官は，理性が積極的な力とし

147

て表に現れ出て，新たな構造を引き出す際には，理性に結合の環（connecting link）を与えるのである。

B. 第二段階：慣習による客観化
客観化の必然性

客観化は人間精神におけるある種の「原罪」ではない。それはルソーが想像したような堕落した文化によってもたらされた無実な自然に対する背信行為でも，あるいはルートヴィヒ・クラーゲスが宣言したような魂の敵対者である精神の働きでもない[53]。あるいはそれは，マルティン・ブーバーが信じたような「人間の運命の崇高な憂鬱」[54]でもない。客観化とはむしろ，人間となる途上において踏み出されなければならない一歩である。わたしたちがここで「人間となる」と言う際には，それは第一に人類に関する科学や技術的な発達を意味しているのではなく，むしろその社会的な発達，つまり自我が「汝」に対して完全に人間となることを意味する。その問題を考察するときには，わたしたちは次のことを明確に目の当たりにする。すなわち，ブーバーの用語を再び用いれば，根源語「我-汝」がそれの十全な意味で語られ得るには，わたしたちはもう一方の根源語「我-それ」を語らねばならないということである。

このことの真実性は，先に考察した観点から明らかになる。第三講義において見たように，「汝」は信じられるのであって，「信頼」（belief）とは経験から本質的に独立した現実の肯定である[55]。そのような説明が，上述した母親に対する赤ちゃんの態度にも適用され得るのかどうかを問うてみよう。一見すると人はそれに肯定的に答えたくなるであろう。当然のことながら幼児は自分の母親を深く信頼している。な

2. 自覚的になることはいかにして始まるか

ぜなら幼児はまだ何ら客観化する経験をもっていないからである。それゆえ幼児は母親を他の存在と比較することができない。幼児は母親を信頼せずにはいられないのである。ところが疑いが生じるのはまさにこの点においてである。わたしたちは不信（unbelief）が現に可能ではないときに，「信じること」について語ることができるのだろうか。信頼とは自由な肯定ではないのだろうか。わたしたちは強制された状況において生じる信（faith）を，本当の信であると言うことができるのだろうか。

その「汝」を「汝」として信じて同意することに代わるものは，子供が客観化を開始するまでは生じない。子供はまず「汝」とはまったく異なるものを認識できるようにならねばならない。子供は「汝」から離れていくようにならねばならないのである。これが子供にとっては本当に，そして完全に，一人の自我となるための方法である。それ以前の子供は，非‐自立的な「わたしたち」の一部であり，この「わたしたち」という仕方によって周囲世界の一部になっている。レンプラインはこのような意味において「子供と世界の共生的（symbiotic）統一」に言及している[56]。

ストーンとチャーチが次のように叙述するときには，彼らはこれと同じ思想を表現している。「出来事や対象は，直接的な脅威あるいは満足感によって赤ちゃんの意識のなかへ入ってくる。そうすると，直ちにその幼児を通して事物の間に結びつきが生じるかもしれないが，その結びつきは常に個人的である。オレンジジュースはその後に続く入浴を指し示すかもしれないが，これらはその子供に対して或る密接な連続のうちで生じる物事として関係づけられているのであって，世界内での〔客観的な〕出来事としてではない。ま

た，ほとんどの成人にとっては理解し難い部分がある。幼児にとっては，あらゆるものが〈わたしの〉直接的な欲求，欠乏，そして経験に関係づけられるにも関わらず，その際に〈わたしに〉〔という意識〕は存在しないということである。そこにあるのは単に飢えと濡れであり，そしてオレンジジュース-続く-温浴のすべては，〔その子供に〕よく知られた人や場所との関連におい存在するだけである。〈わたしは〉空腹〈である〉とか，濡れを〈わたしは感じる〉とか，オレンジジュースを〈わたしは味わう〉などは存在しない」[57]。

それゆえすべての人間の自覚にとってア・プリオリな中心と考えられる，かの名高い自我は，必ずしも実在するわけではない。自我は思考する実体として実在しないし，あるいは精神のすべての行為に付随する「わたしは考える」としてあるのでもない。あるいはまた同一の主観の極としてあるのでも，超越論的なモナドとしてあるのでもない。それは「汝」によって話しかけられ得る対話的存在としてはまだ実在していない。自我は実在するのではなく，むしろ発生する（come to be）のである。そしてここでこの自我の発生という点に関して，わたしたちの目的にとって重要ないくつかの現象に注目してみたい。

実践的コミュニケーション

客観化の過程および自我が自我として自覚的になる過程はいかにして生じるのか。その過程においては認知的な諸機能が支配的な役割を果たすのか。三か月を過ぎると赤ちゃんの感覚はより精錬された仕方で働きはじめ，たとえば眼の焦点を合わせることによって，或る対象をじっと注意して見る能力を得るということは確かである。ところが自我の発生

2. 自覚的になることはいかにして始まるか

にとって最初に重要なものは,「認識」ではなく「活動」である。「わたしたち〔に含まれる〕自我」(we-Ego)から最初に生じてくるのは「行為する自我」(action-Ego)である。それくらいの月齢の幼児は運動と行動に〔意識が〕向けられている。その幼児は自分の手が届くところにあるすべてのものを摑み,触り,持ち上げ,そして動かす。しかしわたしたちが以前に叙述したように,子供の活動は一般的にコミュニケーションの形をとる[58]。たとえば,子供が或る指輪を摑みとる,しかしその指輪はその形状によって,握られることに力を貸している。それは「協力する対象」(cooperative object)なのである。子供が箱の蓋を開けたり閉じたりする,しかし蓋のほうは自分の側で面白い音をたてている。子供がガラガラを振る,しかしそのガラガラは愉快な音で「反応」している。

このことは子供が遊び始めるといっそう真実である。F. ボイテンディクが指摘しているように,人は相手の側から遊んでくれるものとだけ遊ぶのである[59]。幼い子供が自分のつま先で遊ぶとき,指はつま先と遊び,つま先は指と遊ぶ。奇妙な仕方で跳ね返るボールは,何かある対象(object)というよりもむしろ,仲間のような主体(subject)である。子供は或るものを嬉々として地面に投げつけ,それの「力」を引き抜くのだ。ところがその対象が拾い上げられると,それは再び一緒になって遊ぶ対象として現れる[60]。これとその他の多くの似た仕方で,子供は自分自身を活動の中心として経験する。

ウェルナーが「行動するもの」について語ったことのすべてが,ここでは諸々の対象に当てはまる。彼によると,「子供が自分の好きな仕方で自由に対象を把握することができる

ときにはいつでも、静的な特性よりも動的な特性を捉えることを好むことが観察され得る」[61]。最初の空間の構成と呼ばれ得るものもまた、このような仕方で生じる。つまり「幼児にとっては周囲の空間と、私的な空間および身体を中心にした空間は一つであり、共に Ur-raum（原-空間）を構成する」。また、ウィリアム・シュテルンの観察を援用すると、彼はこう続ける。「口は対象を認識するため原始的な手段である。つまり文字通りの意味で対象を摑むことによってなのである。対象の空間的な認識は、口からそのものを吸い込むことから結果する……この〈原始的空間〉のなかから、近接した空間、接近した空間が徐々に立ち現れてきて、そのなかでは身体を取り巻く空間が身体そのものから区別され始める。対象はとりわけ手を伸ばして触れられることによって認識され、方向づけられる」[62]。

　子供の時間経験についてもそれと似た主張をすることが可能である。時間もまた、子供にとっては重要な行為と具体的な過程によって構成される。ウェルナーは次のような例を挙げている。「たとえば、二歳児が〈お風呂、お風呂！〉と言って、これらの言葉で或る欲求——そのなかには近い未来という時間的要素が含意されている——を表現する。ちょうど過去を表す副詞（〈すべて終わった〉など）が何らかの完遂された活動についての満足感と結びつくのと同じように、未来を表す副詞（〈明日〉、〈すぐに〉など）は、しばしば直接的な願望と同一視される」[63]。

最初の客観性

　事物は試されたり、操作されたりすることによってその相貌的な特性を失う。レンプラインはこの点について次のよう

2. 自覚的になることはいかにして始まるか

な例を与えている。母親の毛皮コート，それは〔子供にとって〕最初は危険なものに見えたが，手で触れて試された後ではまったく安全なもののように思われる。いままでは心配して灼熱したストーブを避けていたよちよち歩きの幼児は，後になると成人がするのと同じように，そのストーブに対して振る舞おうとする[64]。このようにして幼い子供は，少なくとも自分自身にとって，最初の客観性の尺度に気が付く。子供にとって対象とは，まだ理論としては異なる諸行為を一つにまとめた所与なのではなく，むしろ多様な実践的活動に関する同一の「何か」なのである。そのような客観性が限定的で不安定であることは言うまでもない。

ストーンとチャーチはこの点を次のように説明する。「子供が対象に関して能動的になるとしても，子供は自分に何をすべきかを教えてくれる対象にまだ頼らざるを得ない。それらが子供に伝えるものは次の三点に左右される。1. それらの行為の可能性（梯子は昇降するためにある）。2. 対象から示される行為への赤ちゃんの全般的に備えができていること（もしもわたしが幼すぎて梯子を昇降することができないなら，それは何物でもない）。3. 子供のその時点での状態（わたしが空腹でないときには，梯子はわたしにもっと多くの意味をもつ。また，わたしが連続して十回その梯子を昇降すると，それらはあまり魅力的ではなくなっている）」[65]。

行為する主体に関係するそのように変わる制限された客観性は，明らかに普遍的認識にとって本来的な基礎を形成することはできない。それでもなお，行為する主体がお互いにそのような基礎に基づいて理解し合うことはある程度まで可能である。このことは発達心理学によって証明される。それ位の歳の子供は他の人々との繋がりを求め，その人たちの動き

を模倣し，その人たちの顔の表情を把握する。メルロ゠ポンティによる身体‐主体の理論は，わたしたちが最初に言及したように，疑いなく実践的な行為を通して主観間の相互交流（intercommunication）に光を投じている。

C. 第三段階：言語による客観性

人間の行動はとりわけシンボルを使用するという事実によって特徴づけられる。ここでもまた，わたしたちはメルロ゠ポンティに同意することになるであろう[66]。振る舞い，身振り，あるいは音声は，シンボルとして機能し得る。しかしながらシンボルが具象的であるのは，常にそれがシンボル化（symbolized）されたものと置き換わることによってである。この意味においては，シンボルは常にある程度は抽象的であると言わねばならない。したがってシンボルの形成は人間の思考と結びついている。また，談話（speech）が人間のシンボル化する活動にとってもっとも重要であることは一般に認められている。このことは真実であるので，人間の思考の進化を辿る最良の手段は，言語の発達を研究することである。

したがって言語は著しく，比較的に安定した客観的世界を構成する手段である。というのも，語る人間は音声的シンボルを，その人が特定の活動，受動的行為，条件，そして状態を担っている同一のものと考える事物に対して用いるからである。このことは，世界の構成にとってもっとも重要な言語の機能が，事物を命名する機能であるということを含意する。

2. 自覚的になることはいかにして始まるか

志向的経験としての命名

この主張もまた,発達心理学から明らかである。事物に名称を与えることによって,子供は第一段階の情緒的関係と第二段階の純粋に実践的な関係とを決定的に超越する。実例を挙げてこの点を明らかにしてみよう。

「ママ」という音声は幼い子供にとって最初の喜びの叫びであった。後に「ママ」は実践的な欲求の表現となった。たとえばそれは「抱き上げて欲しい」を意味していた。ところがついに「ママ」は,或る人——たとえその子供にとってはとりわけ重要な人であっても——の名称になる[67]。もはやその言葉は子供にとって,純粋に表現的な意味も,あるいは純粋に実践的な意味ももっていない。いまやそれは志向的な機能をもつ。これは,子供の意識が「ママ」という音声を通して,また,その音声を超えて,その子供の母親の人格へと方向づけられることを意味する。ヴィンセント・リュフナーに賛同してレンプラインが強調するように,「〔そこでの〕新たなことは,〈志向的な経験〉において事物の意味を認識するという点であり,その経験はまた,対象を指し示すことによって,〔その対象にふさわしい〕表現を見出すのである」[68]。

その子供に起こっている新しい典型的な態度は,事物の名称を学ぶことへの欲求である。子供は名称のおかげで現実を捉えて保持することができるということに気が付く。「子供は〈あれなに? あれなに?〉と求めて飽くことを知らず,しばしばそれは応答を待つこともない」とストーンとチャーチは綴っている。「それはまるで,名称が対象そのものよりも素晴らしい現実性をもっているかのようであり,対象が言語というとりわけ人間に親密な枠組みにはめ込まれるときに

155

は，それが新たな実在となるかのようである」[69]。

子供は初めのうち，実在についてもっている理解を名前から来るもの，魔術的な働きとして考える。それゆえその客観性は本性的には理性的ではない。それはわたしたちがどこか他のところで特徴づけたような，「日常世界の客観性」にもっともよく比較され得る[70]。しかしながらこのことは，名称を付与することが子供の志向的行為であり，その子供自身の主観的条件に対するのと同様に，周囲世界に対しても方向づけられる行為であるという事実を取り去りはしない。「ちょうど名称が世界に形象と同一性を与えるように，それらはよちよち歩きの幼児に，自身のなかで何が起きているのかを教え，そしてそれを他の人に報せることを可能にする」[71]。

反抗期とその対話的意味

古典的な現象学によると，およそ三年間の発達で最終的に子供はそうあるべき存在へと成長する。つまり，いまや子供は世界を自覚している。よちよち歩きの幼児は自分自身が活動と経験の中心であると考える。幼児は自我として自分自身を志向的に対象へと方向づける。子供はすべてのものについて，つまり自分の世界，対象，そして自我について，ずっと上手に語れるようになる。子供はよりいっそう論理的に，かつ的確に語るようになる。わたしたちは次のように言いたくなるだろう。いまやその自我と自我にとっての「汝」との間で，よちよち歩きの幼児と母親との間で，三歳児と両親との間で，和合（harmony）が完成する，と。初めのうちはただ感じられていただけのもの，ただ匿名的に経験されていたもの，ただ生物学的に体験されていたものが，いまでは表現され，伝達され，そして他者と共有され得る。予想されるよう

2. 自覚的になることはいかにして始まるか

に，対話的関係はいまや，新たな，いっそう完全な段階へと入っていく。

子供の対話的あり方が新たな段階へと入っていくということは間違いなく事実である。ところがこの段階は牧歌的ではまったくない。幼いときの自覚の発達は，わたしたちが叙述したように，弁証法的に対立するものへと変化する。自分を活動と経験の中心として見ることができるようになった子供は，自分を或る独立した中心と見なすことをも望む。すると，子供がそれまでもっとも依存していた人たちの意志に対して自分自身の意志をぶつけることのほかに，自分自身の自律を示す何か良い方法があるだろうか。このことはなぜ子供が，扱いにくさ，我がまま，そして両親への反抗によって特徴づけられる，新たな発達の段階へと入っていくのかを説明する。

ストーンとチャーチによると，「自律は，独立したいという願望と，独立する能力という両方の意味において，よちよち歩きの時期の発達に顕著な傾向として現れる……子供は自分の新たな能力を自覚するにつれて，他者からの助けや妨害，あるいは強制なしに，自分自身でそれらを行使することを欲する。……ことによると幼児の自律に関するもっとも際立った表明は，〈嫌！〉によってさまざまに表現される断続的な拒絶反応である」[72]。

スピッツはこの「嫌」が拒絶や否定を表現するために頭を振るといった形で，それ以前にも或る役割を担っていると考えている。彼はこのことに，性的欲求の関係における新たな段階を示す重要シンボルを見ている[73]。レンプラインは三歳児に発現する反抗を，「個人的な自己主張（self-assertion）の根本形式」[74]と見なす。これらのすべてが示していること

第4講義　自覚の成長

は，親密な母と子の二者一対の関係（dyad）の頂点であると思われていたものが，つまり「わたしたち二人にとっての世界」が，実際に或る危機のさきがけとなるということである。こうしてこの危機はもっぱら，あるいは主として，情緒的な二者一対の関係に終焉をもたらす。

　そのような事態に寄与する要因がもう一つある。子供の言語は，初めにその子供の具体的な願望，努力，そして行為の背景（context）だけを形作っていたが，いまではそうした具体的な事物から離れていく傾向をもつ。それは徐々にいっそう一般化する特徴を獲得していく。つまり，言葉は一般的な観念（general concept）のシンボルとなる。例を用いてこのことを説明してみよう。三歳児が「ワンワン！」と言うとき，それは「〔特定の〕この犬が吠える」ことを意味している。ところが後にそれと同じ表現が，もう一つの意味をもち得る。その際に子供が言いたいことは，「ほら〔どこかの〕犬たち（dogs）が吠えている」ということである。

　この一般化の過程がゆっくり進行するというのは真実である。6歳から10歳の子供が自由に操れる一般観念は，初めは物理的な性質や形式に関係し，そして後になって社会的および道徳的な性質にも関係すると言うことができるだろう[75]。ピアジェによると，7，8歳から言語を魔法のように思うことは後退し始める。子供は徐々に他の人々との討論を通して，一方の自分の主観的な思考や発言と，他方の〔それによって〕指示される事物とを区別できるようになる[76]。この過程がいっそう客観的で，いっそう現実的な世界の概念の発達を助長する。

　最後に子供は必然的にいっそう現実的で，いっそう客観的になった自分の世界のなかで，両親に対して或る地位を割り

2. 自覚的になることはいかにして始まるか

当てもする。「汝」は母親（Mother）となり、後に母親は一人の母（a mother）となる。つまりわたしの母は、ジョニー、ピート、そしてペギーの母と同じように、他の母と同じ一人の母である。ミヒャエル・トイニッセンによって哲学的に明らかにされた、「他者となる」（*Veranderung*）過程の端緒がここにある[77]。その過程の結果として、根源的な情緒の二者一対の関係（dyad）においては無二であった「汝」が、客観化を通してわたしにとって唯一の（the）他者となり、そして最終的には多くのそれと似た他者の中の一人の他者となる。

言語の成果としての隔たりと媒介の創造

このすべてが意味することは、いまや言語と思考はそれ自身のために存在しているということである。言語と思考は人間精神の働きであるが、またそれ自身の法則性と傾向性をもつ作用でもある。言語は一つの媒介として自我と「汝」の間に入り込んでいく。それは隔たりを生み出しはするが、またこの隔たりを越える橋を架けもする。幼児期の感情は直接性によって、つまりいかなる隔たりも欠如していることによって特徴づけられるが、幼年期の発話が特徴づけられるのは、それが隔たりを生み出すが、同時に諸々の隔たりを媒介もするという事実によってである。というのも語る者とは、離れたところからすべてを命名する者であり、そしてそれと同時に語ることによって他者に自分が語るところの事物を共有するからである。その結果として究極的に語る者は、すべての物や人を厳密にそれ本来の意味で「彼の世界」と呼ばれるあの大きな全体へと統合する。この世界を構成する作用は、わたしたちが見てきたように、精神的‐実質的存在という特徴

159

第4講義　自覚の成長

をもっている。「精神に至る道は回り道である」というヘーゲルの言葉のなかには真理がある。

還元の本当の意味

ロマン主義者であれば，一つになる感情を，つまり情緒〔の次元で〕で経験される二者一対の関係を一つの理想として描きたくなるであろうが，哲学者はそのような視点を取り入れることはできない。なぜなら哲学者はこの情緒の統一体が何か原初的であること，また，それが親密さ，柔和さ，そして暖かさといった単純な原型的経験に基づいているということ，そしてそれが世界においてではなく，周囲世界において生じるということを知っているからである。

それゆえ原初的な二者一対の関係という牧歌的物語は認めてはならない。わたしたちが考察したように，このことが〔幼児の〕反抗の第一段階，つまり〔自ら〕語り，〔自ら〕考えることができるようになる段階の対話的意味である。それゆえ〔幼児の〕「嫌」や，それによって生じる衝突と緊張は，果たすべき積極的な機能をもっている。それらが新たな自覚の形式を可能にさせるのは，まさにそれらが古い自覚の形式を不能にすることによってである。新たな存在が現れるのは，よちよち歩きの幼児の意識において役割を果たしていた古い存在が，その実質をはぎ取られた後でのみ可能である。新たな構造，たとえば因果関係が生じるのは，魔法にかかっていた古い構造を犠牲にしてのみ可能である。

わたしたちは人間の生活におけるそのような「転回」（revolution）を，還元と呼ぶ。実質的かつ形式的に規定された世界がその現実性を失うということに還元の本質がある。その世界は価値を失い，相対化され，括弧のなかへ入れられ

2. 自覚的になることはいかにして始まるか

る。一つの世界の衰亡が新たな世界の出現を可能にする。そして，このわたしのために在るもの（that-which-is-for-me）の現れの変化が，還元の積極的な意味である。

これと似たようなことが人間の生活において生じるが，それは人間自身の「行動」（deed）ではない。わたしたちが理解するように，還元とは思考実験でなければ，意志の作用でも，態度の自発的な変化でもない。わたしを抜きにしてはいかなる還元も考えられ得ないということは真実であるが，それと相補的なテーゼもまた等しく真実である。すなわち，い かなる還元も，もっぱらわたしの働きだけで起こるのではないということである。それはわたしのもとへやってくるものであって，わたしはそれを「運命」として受け入れるのである。

その理由は，古い世界の還元と新たな世界の誕生は，「汝」との，他の人との，そしてその他の人々との対話の結果だからである。言葉と会話のやりとりは自由に行われるが，それは必然性をも伴っている。わたしはこの対話において何かを行うが，何かを受けもする。わたしは与えもするが受け取りもする。わたしは変えるが変えられる。もしもわたしたちが最初に述べた，対話的な出来事が相互作用の表現であるということが真実であるなら，一方のものは他方のものがなければ考えることができないであろう[78]。

原初的な二者一対の関係の解体は，子供の生活においては一つの革命であり，革命は暴力なしには起こらない。そこにはためらい，半信半疑，混乱がある。子供のなかでの闘争と，その子供と他者との衝突がある。そこには反抗，反対，拒絶がある。しかしもう一度繰り返すが，もしも対話が新たな段階へと入っていこうとするならば，もしも子供の存在の

第4講義　自覚の成長

新たな次元が「会話」(discourse) に関係づけられるべきであるとするならば，この衝突は不可欠である。もしもこのような衝突が生じないならば，その対話は経験，思考，そして発話のある特定の段階で凍りついたままである。その時それは「無駄話」(*Gerede*) に成り下がる。

反　省

わたしたちは幼い子供における自覚の目覚めと発達に関する説明をまだ終えていない。というのも，わたしたちはまだ反省に言及していないからである。反省をする力と傾向は，思春期において初めて呼び起こされる。この段階の若者は，自分自身を無二な内面性として見ており，そしてそれゆえに，他の人の内面性とは異なり，かつ区別された内面性として見ている。メルロ=ポンティが指摘するように，その時になって初めてコギトの問題が現れる[79]。レンプラインによると，子供は自分を実践的な自我であると考えるが，思春期に至ると「人は視線を内側へと向け，自分自身のなかに意見，感情，気質，情欲，愛好，傾向，そして欲求の世界を見出し，自分の内的自己を発見する」[80]。

P. J. カロンは，「本当の自分自身であるもの，内面的生活に属すものがもっとよく発達するのは，通常は15歳を過ぎてからのみである」[81]と書き留めている。エドゥアルト・シュプランガーはためらうことなく次のことに言及する。すなわち，「主観の発見とは，孤島のように世界のなかで事物や人間など，他のすべてのものから常に隔離されている自分自身にとっての世界の発見である——そのためその発見は大きな孤独の体験となる」[82]と。

ストーンとチャーチはあまり哲学的な言語を用いない

3. 結　　論

が，彼らは思春期を特徴づける本質的に同じ思想を表現している。「思春期の中心的なテーマは自分自身の発見である。……これは，強化された自己の自覚を意味し——それは主として自̇己̇意̇識̇として表明される——また，独立への努力を意味する。……思春期後半の若者は……いまや家族か仲間のどちらかの一員としてよりも，むしろ自分自身としての自己同一性(アイデンティティ)を見つけなければならない」[83]。それゆえわたしたちの西洋文明における思春期に達したこれらの若者は，デカルト，フッサール，そしてサルトルが考えたものを実際にある程度は経験する。また，上述した子供の現実的な世界の還元と，思春期の若者による自分自身の主観的内面性の反省的発見が今度は，疑い，危機，そして衝突を伴うということもよく知られている。しかしわたしたちはここでこの問題に立ち入ることはできない。

3. 結　　論

　わたしたちはこれまでいくつかの重要な結論を導き出すために，自覚的になること（coming-to-be of awareness）を十分に考察した。これらは次のように簡単に要約され得る。
　自我の存在様式としての自覚は，静的な特徴をもつのではなく，むしろ絶えず変化に服している。その変化は「どのように」（how）と同じく「何が」（what）に，つまり，構造と同じく内容に関わる。もしもわたしたちが，実際的な存在と可能的存在——それらは自覚的な自我にとっては現実的である——を，その自我の「世界」と呼ぶならば，わたしたちはまた，この世界は実質的かつ形式的な観点から可変的であることを認めざるを得ない。自我はその世界の「なかに」実在

第4講義 自覚の成長

しているのであるから、この世界のラディカルな変化は自我の存在の危機という結果になる。

実際的および可能的な志向の対象から構成される世界を自覚することは、発生的に言うと、比較的後になってからの自覚の形式である。それは言語の発達と、言語的シンボルをもっと広汎に使用するのと同時に生じる。いわゆる「内的世界」の反省的発見はさらに後になってから起こり、それは思春期になってようやく生じる。自覚的になる他の二つの様式は、つまり情緒的-生物学的様式と、実践的-客観化の様式は、客観化する形式と反省的な自覚の形式に先行する。

わたしたちが他者を一つの自我として認識することは、もっとも根源的で、客観化しない自覚の様式に根を下ろしている。それゆえある主観が最初に情緒的かつ生物学的に依存するものは、その仲間の主観である。わたしたちは最初に仲間の主観の現前が何よりも先に経験される様式を、次の公式を用いて特徴づけた。すなわち、感じる主観が自分自身を感じるのは、その主観が仲間の主観を感じるという事実による、と。

自覚することの更なる発達によっていかなる転回がもたらされるのかを見通すことはもはや困難ではない。もとは一つであったもの——自分自身を感じることと他者を感じること——が分裂する。自分自身を仲間の主観の一つとして感じている主観が気付くのは、自分が、自分から独立して実在する〔自我以外のもの、つまり〕非我（non-Ego）を感じる自律した自我であるということである。こうして仲間の主観は一つの非我となり、そして一つの対象となる。今度は自分自身を感じる主観が、思考を通して自分自身を反省する自我となる。その主観は非我からは独立して自分自身の自我を反省

3. 結　論

する。これは，よく知られた「感覚」と「反省」への経験の分化，そして「外的世界」と「内的世界」への世界の分化という結果になる。デカルトや彼から影響を受けた他の哲学者たちは，そうした分化を根源的で必然な所与と見なすのである。

　しかしながら客観化する反省的な自覚は，わたしたちが示したように，成人においてでさえ「上層部」に過ぎない。自覚することの根源的な感覚や情緒の様式は，それによって隠蔽されるが，実在し続ける。それが表に現れるのは，この自我がそれ〔情緒〕との距離を保つことができないような状況，あるいは初めから〔感覚との〕隔たりがない状況においてである。わたしが他者に対して親密な仕方で居合わせるときには，隔たりはない。すべての人間にとってもっとも基本的なこの状況——わたしたちが一緒に一つの周囲世界のなかにいる——は，何よりもまず経験されたり，思考されたり，あるいはそれを目指して努力されたりするものではない。むしろそれは第一に感覚的な仕方で生きられる。このことは，わたしたちがまったく「自然な」仕方でどのように他者に対して居合わすことができるのかを理解できるものとするが，他方では，内在，内省，あるいは志向性の哲学がその居合わす現前を説明できないということは明白である。

第5講義
自由の増大

1. 自由とその意味

自由の実在証明はあるか

自由は現象学的思考の重要な主題の一つである。それは実存哲学の中心に位置しており、実存論的現象学によって多大な関心がそれに向けられている。これらの哲学の代表者たちがこの主題に取り組む手法に典型的なことは、人間が自由であることを立証しようとはしないという事実である。多くの十九世紀の著作家たちとは異なり、彼らはそうした努力は無駄であると感じていて、自由は推論や議論の結果であるよりも、さらに根本的であるということを知っている。というのも、人が何かを説明しようとする努力、何かを明るみに出そうとする努力、何か有意味なことを表現しようとする努力を可能とするのは、まさに自由だからである。

そうすると現象学者は、人間の自由を証明され得ないし、また証明される必要のない根本的な所与に加えたくなるであろう。なぜなら自由の完全な否定――それは決定論と呼ばれる――は、不合理な帰結に繋がるからである。アルフォンス・ドゥ・ヴァーレンが正当にも記しているように、「もしも人間が意味を発見し、確立するための条件に自由が属すと

1. 自由とその意味

したら,決定論が人間に当てはめようとした理念は,まったく不合理となる」[1]。

　明証性に関する現象学の理論を,自由〔の問題〕に適用することは可能であろう。その場合,人は哲学者の実際的な状況から出発して,その者が実際に何をするのか,と問うことができよう。哲学者は自分の考えを詳細に説明し,他者に語りかけ,他者のために書くであろう。彼はすべての場合に実際的あるいは可能的な仲間の哲学者と対話する。このように哲学者は,暗黙のうちに他者が自分の議論を受容したり,拒絶したりする力をもっていると見なしている。彼は他者が賛成したり反対したり,は・い・と言ったり,い・い・え・と言ったりすることができると判断する。これが示していることは,哲学者が自分の支持する哲学の学派,趨勢,持論とは無関係にその仕事を具体的に遂行する場合には,自分自身の考えを述べる相手の自由を前提しているということである。たとえ彼が自然主義者,唯物論者,あるいは実証主義者であっても,機械仕掛けのからくり,ロボット,あるいは〔動物と機械における通信・制御を行う〕サイバネティクスの機械とは討論したりはしない。

　一般的で必然的な相違がここで明らかになる。巧妙に造られた機械装置は,わたしたちが使用するものであるのに対して,人間は,わたしたちが説得しようとする存在である。つまりわたしたちは,彼らがわたしたちの考えに同意するように促すが,それを強制したりはしない。わたしたちは彼らが自発的な同意をもって応答してくれるように願う。そしてここでは再びわたしたち人間のパートナーが自由であるという事実が暗黙に承認されている。

第5講義　自由の増大

自由の疑う余地がない特性

ことによると現象学者はさらに先に進んで，人間の自由が疑う余地がなく明証（apodictically evident）であると呼ぶであろう。フッサールによると疑う余地のない明証性の特徴は，批判的な反省によっても明証的な事態の非存在など考えられないことを明らかにする事実にある[2]。今やまさにそのような事実によって自由の実在を批判的に反省する者は誰でも，否定すべく試みていたものを肯定している。その者のアンチテーゼは人間の自由の実在というテーゼを相対化したり，つまりそれを制限したり，あるいはその妥当性を損なわせたりするのではなく，むしろそれを確証する。そのアンチテーゼが批判に耐えることができないのであるから，テーゼは絶対的に妥当である。そのテーゼはフッサールの意味で疑う余地がなく明証的である。

しかしながらこの点において，実存論的現象学によって導入された考え方の混乱が始まる。人間の自由の実在に関するテーゼは，絶対的に妥当する。わたしたちはこの点には納得するであろう。しかしこのことは，人間の自由が絶対的な自由であることを意味しているのだろうか。そのような結論は明らかに論理的な根拠によっては正当化できない。絶対的に妥当であるテーゼは，その内容が絶対的であるテーゼと同じではない。しかしながら人は次のように問うても良いだろう。すなわち，人間の自由の絶対的な特性を，現象学の手法を用いて明らかにすることは可能であるのか，と。これこそが吟味されるに値する問いである。

絶対的な自由

わたしたちがいつも現に従事している対話——たとえばこ

1. 自由とその意味

うした文章を書くことや，あるいはそれを読むことによる対話――から出発して，次のように問うてみよう。もし筆者，読者，話し手，あるいは聞き手が絶対的に自由な存在であるとすれば，そのような対話は考えられ得るか，と。当然のことながらこの批判的な問いの意味は，「自由」と「絶対的自由」という概念内容と密接に関係している。わたしたちが最初にそれらの概念を少なくともある程度のところまで定義しなければ，その問いに答えることはできないであろう。それゆえ暫定的にカール・ヤスパースに従って，自由を「わたし自身の選択」[3]と定義し，他の誰でもないわたしがその選択をなす主体である時に，それを絶対的な自由と言い表すとしよう。換言すると，わたしの行為，わたしの決定，わたしの活動は，つまりわたしの全存在は，まったく無条件的にわたしに由来する。もう一度強調しておくと，これが意味することは他の誰でも，あるいは何物でもなく，わたし自身がわたしの全存在の源泉，または起源であるということである。

真の対話における三つの法則

対話が理解可能となるのは，わたしが見るものを他者に見せるとき，また，他者にとって有意味な何物かが原則的にわたしにとっても同様に有意味になり得るときだけであるというのは当然である。この事実は二つの点において重要である。第一に，それは対話が少なくとも三つの存在を，すなわち，お互いに語り合う二人，わたしたちが対話の「主体」と見なす二人，そしてその二人がそれについて語る何かを要求するということを示している。人はこの何かを，彼らの会話の「対象」と呼ばざるを得ない。たとえ二人のパートナーが或る対話のなかで彼ら自身について親しく話すときでさえ，

第5講義　自由の増大

そこには彼らの関心を引き付ける「何か」が，つまり彼らが志向的に関係づけられる何かが存在するのであり，この「何か」は彼らの「対象」である。

それゆえわたしたちは，以前の講義において強調された点を，すなわち対象化は決して変質させる行為と見なされるべきではないということを，ここで繰り返してもよいであろう。それどころか対象は，まさに人間の対話の最初から現前しているのである。

しかしながらそれとは別のこともまた明らかとなる。二人のパートナーは対話のなかで，それぞれが自分ではない何かに自分を適合させなければならならない。そして人はこれを次の三つの点で遂行しなければならない。

1. 人は対話のなかで，聴くことと応答すること，肯定することと否定すること，疑うことと賛同することによって，パートナーに自分自身を適合させなければならない。

2. 人は対話の対象である「何か」に関して，立場を決定しなければならない。たとえばその対象を知覚するか，またはそれを想像し，その価値を規定し，それを良いまたは悪いと，有用または有害と，真実または虚偽と，美しいまたは醜いと特徴づける。このすべては対象化する志向を要求し，それは結果として或る特定の判断，つまり，そのような特徴をもつものであってその他ではないという結論になる。そしてこれらの志向が対象化であるのは，もちろんそれらが対象の本来的な特性を考慮に入れるときだけである。たとえば，主観がどれほど自由であろうとも，或る判断が緑色であるとか，緑色が非道徳的であるなどと主張すること

1. 自由とその意味

　　はできない。対象の本来的な特性——判断あるいは色
　　彩——が，そうした言明を許容しないのである。
 3. 対話に従事する主観は，対話する相手を理解したり
　　賛同したりすることがア・プリオリに排除されてはい
　　ない仕方での討論において，自分自身を対象に関係づ
　　けなければならない。例を使ってこの点を説明してみ
　　よう。わたしが或る演劇の芸術的価値について友人と
　　議論するとしよう。最初にはわたしたちは合意してい
　　ない。わたしたちは合意に達するために，背景に隠れ
　　ているプロット，演技，俳優の特徴，ドラマの構造，
　　そして演劇の台詞を分析し，批判的に検討する。わた
　　したちは共にあらゆる類の美学的基準を，議論してい
　　る対象に適用する。こうしてわたしたちの最初の不同
　　意にも関わらず，原則的にはその演劇に関して同一の
　　判断と評価に至ることが可能である。

　ここでわたしの対話の相手が，その演劇の価値を単に上演
によって得られる会計上の収益という見地からのみ考えてい
ると想像してみよう。換言すると，わたしが芸術的価値とい
う点について考えているのに対して，その相手は経済的なカ
テゴリーだけを用いている。そのような場合にはわたしたち
の間で何ら実際的な合意は可能ではない。その理由は，わた
したちがそれぞれ異なる仕方でその対象へと接近するから
である。それぞれが認識したり評価したりする意向（mind）
をいま検討している事態に基礎づけてはいても，それは形式
的に異なる仕方においてである。そのような状況において
は，当該の対話は偽りの対話（pseudo-dialogue）に過ぎず，
二つのモノローグが並列しているに過ぎない。

　もしもわたしたちが真正な意味での「対話」という用語

第 5 講義　自由の増大

を，原則的には彼らの間で合意に導き得る二人の人格間でのコミュニケーションのために用いるとすれば，これまでの簡略な分析が示しているように，すべての真正な対話は次の三つの法則に服している。

1. 語ったり聴いたりするとき，わたしは対話をする「汝」に自分自身を適合させなければならない。この法則は相互作用の原理から生じてくる[4]。
2. 認識したり，評価したり，抗争したりするとき，わたしはたまたま対話の対象となった問題に自分自身を適合させなければならない。
3. 認識したり，評価したり，抗争したりするとき，わたしは「汝」が議論している事柄に接近する仕方と形式的に同じ仕方でそれに接近しなければならない。

対話と絶対的な自由

もしもわたしたちの分析が正しいとすれば，対話に従事する者は上述した絶対的な意味で自由ではあり得ない。というのは，人が語ることと聴くことの源泉は孤立した個人としてのその人自身ではなく，他者と関わっているその人自身だからである。さらに言うと，人の発話の客観性は，ただその人自身だけで保証されるのではなく，むしろその人が問題にしている対象に従属することによってである。というのも，わたしたちが考察したように，話者は自分自身を対象に適合させなければならないからである。しかしながら話者が自分自身を対象に適応させるというだけでは十分ではない。話者は或る確実な仕方で，或る特定の様式において自分自身を対象に適合させなければならないのであって，この様式を選ぶとき，話者がその相手と合意に至るように模索する，他の人格

1. 自由とその意味

によってなされた選択を考慮すべきである。

　このことから，わたしたちは対話に従事する者の自由が次の三つの仕方において制限されると結論する。すなわち，他者の自由によって，議論する対象の存在様式によって，そしてその対象について他者に語らねばならない方法によって，それは制限されるのである。

　これらの結論は単に理論的に重要なだけではない。実践的な決断もまた，他者への同意または不同意に基づいてなされる。これは実際問題として人間の社会的生活で常に起きていることである。個人的，経済的，宗教的，あるいは政治的な問題に関する諸々の大きな決断は，それらを他者の視点と比較して検証することなしにはなされない。

　当然のことながら改革者，天才，あるいは革命家にとっては，その者を取り巻く他のすべての人の確信からはずれた確信に至るということが可能である。ところが改革者や革命家による一般的に容認された見解の拒絶もまた，彼がそうした見解による認識を獲得した後になってのみ考えることができる。彼の反論は，その理論や実践に反対する他者なしには思いもよらないであろう。そうすると革命家は自分自身を，自分の決断や行為の排他的な源泉であると見なすことはできない。他者はまさにその初めから，否定的な仕方であっても，その視点の形成に寄与していたのである。

　さて，上述した意味での絶対的な自由はいったい何を意味するのかを問うてみよう。そのような自由は明証的に，絶対的な自律性，犯すことのできない主権，完全な自給自足としてのみ考えることができる。というのも，そのときにのみ自由な人格そのものが，自分の行為，決断，存在にとっての排他的な根源となり得るからである。ところがそのような「自

第5講義　自由の増大

律」や「自給自足」の概念は，人間の思想の歴史で本当に役割を担ってきただろうか。

　この点については後により詳しく見るとしよう。ここでは絶対的に自由な存在の間での対話は不可能であるという事実を確立することに限定しよう。理論的にも，あるいは実践的にも，そのような存在がお互いに意志疎通をすることはできない。彼らは社会的な存在として現にあることができないであろう。人間の生命はその原初からして社会的な次元をもつというメルロ＝ポンティの主張[5]は，わたしたちが受容すべきものである。また，この主張を特定の実存論的な哲学者——その哲学者は人間を絶対的に自由な存在とする——の仮定と調和させることは不可能である。サイバネティクスの機械の間での社会的生活，コミュニケーション，そして対話が不可能であるように，絶対的に自由な存在の間での社会的生活，コミュニケーション，そして対話は不可能である。

　これは新しい発見ではない。1831年には早くもヨハン・フリードリヒ・ヘルバルトは，教育の哲学が唯物論的な基礎にも，超越論的-観念論的基礎にも基づき得ないという結論に達している。彼は次のように述べている。「運命論，あるいは超越論的自由のどちらかを受け入れる哲学体系は，自動的に教育学を排斥している」[6]と。ヘルバルトの見解の範囲は，決して教育の分野に制限されない。ヘルバート・ホルンシュタインが認めているように[7]，ヘルバルトの問題はコミュニケーション一般の可能性と，——ここでわたしたちが付け加えるならば——間-人間的な関係性（interhuman relationships），そして社会的生活一般の可能性にも妥当する。そのような根源的な所与を初めから考慮に入れない現象学は不完全である。しかし依然として問われねばならない問

いは，絶対的な自由に関するわたしたちの批判から，いかなる哲学的結論が導き出されなければならないのか，ということである。

2. 有限な自由はいかにして可能か

　少なくとも一つのことが明瞭となった。すなわち，「自由意志か決定論か」という二律背反のジレンマは，過去においては多くの激しい論争の的であったが，それはさほど重要ではないということである。決定論の拒絶から，非決定論あるいは絶対的な自由の受容へと進もうとする誘惑がある。しかしながら現実には，絶対的な自由のテーゼは，絶対的な不自由のそれと同じ程度に支持しがたい。

　そうするとわたしたちの問題に対する解答は明らかなように思われる。有限な自由という考え方だけが，あるがままの人間性に適用し得ると言うことができるだろう。人類の歴史的，社会的，経済的，そして政治的生活は，制限された自由を幾重にも証明している。そして個人の生活を吟味してみても，人間の自由がその限界をもつということを明らかにしている。

　しかし残念ながら事はそれほど単純ではない。経験豊富な哲学者であれば誰もが有限な自由という概念を正当化することがいかに困難であるかを知っている。観念論者，とりわけ超越論的観念論者による反論の誤りを証明することは容易ではない。彼は，わたしの自由がいったい何によって制限されているのかと問うであろう。それは自由ではない何ものかによってであろうか。しかし自由ではないものは，本質的に自由なものにとっての単なる客観に過ぎず，したがってそれは

第5講義　自由の増大

自由を制限することはできない。そうすると，わたしの自由は誰か他の人の自由によって制限されているのだろうか。このことにもまた超越論的観念論者は異議を唱えるであろう。彼はこう言うであろう。他者の自由はわたしにとって何らかの妥当性をもっている，つまり，それはわたしによって自由として認識され，理解され，そして定められたものである，と。換言すると，それはわたしにとって志向の対象である。しかしわたしがこの自由であるものを認識すること，つまりわたしがこの対象である「自由」を設定することは，単純にわたし自身の自由の拡大を意味しているに過ぎない。それなのに観念者は次のように結論づける。わたしの自由は無制限である。ある程度の自由などというものは存在しない。自由は絶対的であるか，または皆無であるかのどちらかである，と。

　これが一般的な仕方で超越論的観念論者が考えることである。ところがもしも哲学者たちが実際に主張してきたことを理解しようとするならば，思想の歴史を参照せざるを得ないであろう。そこでここでは絶対的な自由に関して，上述したような考え方を生み出した哲学の発展を簡略に概観してみよう。

歴史的な概観

　個々の人間の無条件な自由という考え方は，古代においては全く知られていなかった。ギリシアとローマの思考によると，自由な市民はポリス，神々，コスモス，そしてロゴスの法則に基づいて自身の権利を行使する。キリスト教的な中世もまた，絶対的な自由の問題を知らなかった。スコラ哲学者によると，人間は自分の自然本性の枠内では自由に行動する

2. 有限な自由はいかにして可能か

ことができる。人間の本性はその実質を神の創造的思考に負っており、この本性は自由な人間の行為をはかる尺度であったと同時に、それが決して越えることのできない限界でもあった。

わたしたちはデカルトにおいて初めて、絶対的な自由の概念へと向かう考え方を見出す。デカルトの見解によると、人間の魂は精神、意識、そして自己意識であり、それ以外の何ものでもない。精神的な魂は自由に意志する力をもっており、そしてこの点においてそれは神の意志作用とは本質的に相違する[8]。

カントは自律という考えを採り入れることによって、いっそう先に進んでいる。カントによると「自律とは意志の或る性状であって、その性状を通して同じ意志が自分自身に対して（意欲の対象がもつすべての性状に依存することなく）一つの法則となる」[9]。道徳的に行為する者が、無条件的な命法に従うということが真実であるとしても、その者はもっぱら自分自身の内部でこの命法の声を聞いているのである。

ヘーゲルの弁証法は、精神的知識の無限性を要求するがゆえに、それと同時に精神の自由の無限性をも要求する。「愚かな者だけが制限されている。というのも、その者は制限についての知識をもっていないからである」とヘーゲルは言う。「それに対して、制限を知っている者は、……何か知られたものとして……制限を知っている。それゆえ人の制限を知ることは、人の無限性を知ることを意味する」[10]。ヘーゲルによると、〔絶対的な〕精神の生命を知ること、評価すること、そして能動的に自己陶冶することは、もっぱら精神自身に関わっている。精神はあらゆる矛盾をそれ自身のうちに包んでいる。それゆえ〔絶対的な〕精神の自由は無制限であ

第5講義　自由の増大

る。それは万人と万物の自由である。それゆえそれは同時に誰の自由でも何物の自由でもない。それはむしろ，単なる「幻影(ファントム)」（ヤスパース）に過ぎない[11]。

　ヘーゲル左派のマックス・シュティルナーは，ヘーゲルの視点からラディカルな帰結を導き出した。彼は幻影的な自我に特有な自由を，彼自身の具体的な自我に特有な自由と置き換えた。シュティルナーでは〔キリスト教に属する〕聖霊の自由は，創造的な個人性という形をとっている。〔独我論的唯一者の〕「自己所有」，つまり個人性が「新たな自由を創り出した。というのは，自己所有は万物の創造者だからである」と彼は言う[12]

　個人の自由に関する現代のエートスは，ジャン＝ポール・サルトルの実存主義的哲学においてもっとも鋭い表現に達する。サルトルによると，個々の人間は自分自身の本質を実存のなかへ呼び込む。そして人間がこれを行うのは，人間が一つの自由な自己投影（self-project）であるという事実によってである。神は死んだのであるから，中世においては神の思考のために確保されていた諸々の権利を人間の実存が行使する。すなわち，人間は自分自身の本質の創造者となる[13]。人間の自由の本質は，実存することで自己自身を実現することにある。こうして彼は最終的に何かによって，あるいは誰かによって自分が〔行動するように〕動機づけられなくなる。サルトルは自由選択の恣意性と「選択の無償性」[14]を称賛する。行動の動機も論理の法則も自由な自己投影である人間に規則を課すことはできない。「選択とは，すなわち発明である」[15]とサルトルは主張する。人の過去もまた，実存に関してはなんら拘束するような特徴を示すことはない。

　すべての自由な行動は一つの「無化」（nihilation），つまり

2. 有限な自由はいかにして可能か

人が古い自我から離反することであるとサルトルは主張する。このすべては個人のみに妥当するのではない。というのも、人間は自分自身を選択することによって同時に自分の同胞を選択しており、人類のすべてに対して責任を負うからである[16]。他の実存主義の哲学者たちによると、この自己を正当化する自由は本来的な人間存在を構成する。単純に人間は選択するという点で自由「である」、また、人間は選択することによって「存在する」のである。

偽りの無限性

このような簡略な概観によって、わたしたちは自由に関する現代の絶対主義において頂点に達した哲学的発展の方向をある程度まで特徴づけることができる。わたしたちが簡略に概観してきた思想家、学派、そして思想潮流の間には大きな相違が存在しているにも関わらず、わたしたちはそれらの思考「様式」のなかに、ある種の同意をも発見する。デカルトの *cogito, sum*（わたしは思う、わたしはある）をもって始まった発展は、実存主義的哲学者たちの情熱的な *eligendo sum*（選択することによってわたしはある）をもって終焉を迎える。

わたしたちがこれらの異なる視点が共通にもっているものを問うとき、わたしたちはそれらのすべてが思考の自己反省の方法によって特徴づけられると答えねばならない。わたしたちが言及した哲学者たちがそこから出発したものは、自分自身に関わる意識、自己決定する道徳性、自分自身で呼び起こした矛盾によって発展する精神、自己実現に向かう実存的努力であった。したがってここでそれらに対して課される問いは、この出発点が先に概観したような困惑させる発達を生

み出した「根源的な虚偽」ではないのかどうかということである。

　わたしたちが偏った自己反省という思考方法を危険なものと見なすのは，それが無限という誤った幻想を呼び起こすからである。もちろんわたしが絶え間なく自分自身を反省することができるというのは事実である。反省するわたし自身と，わたしが反省する〔対象である〕人としてのわたし自身の間には無限の円環――それはサルトルに「自己の円環」（circuit of ipseity）と呼ぶようにさせている[17]――が生じる。この無限の円環は，わたしがそのように反省している間に自分自身のなかに閉じ込められたままであることを忘れさせる。そこに偽りの無限性が生じるのは，決定的な次元，すなわち真正な対向（turning-to）や真正な離反（turning-away-from）を可能とする次元が欠如しているためである。1922年には早くもマルティン・ブーバーは，彼が「精神の独白的な基本運動」と呼んだものに注意を喚起している。彼が表現したように，この運動は「対向の反対としての離反ではなくて」，むしろ精神そのものへの「〈翻転〉（bending-backwards）である」[18]。

論争と同意

　哲学的な議論のなかに偽りの無限性を導入することは，諸々の不合理な帰結をもたらす。これらの帰結のうちでわたしたちがここで議論しようとするものは，それ自身に関係づけられている自由の唯一性である。

　その問題について十分に反省した者であれば，誰もが次の点に気付く。すなわち，その発達が他のすべての自由を包含する自由，あるいは自分自身を構成するという事実によっ

2. 有限な自由はいかにして可能か

て，他のすべての自由を一緒に構成する自由，あるいは自分自身を選択することによって，他のすべての自由を選択する自由は，無二な自由(ユニーク)だということである。この表現によって，わたしたちが意味するのは，その〔無二な自由の〕実存は他の独立した自由の実存を排除していることである。

もちろんコミュニケーション，発話，対話の理念は，そのような絶対的で無二な自由の要請とは矛盾する。というのも，繰り返しになるが，唯一性の要請は対向や離反という観念と両立し得ないからである。わたしたちはこれに，そのような考え方が真の同意または真の論争のどちらにもその余地を残さないということを付け加えておかねばならない。

わたしたちは「真の論争」という言葉によって何を言おうとするのだろうか。或る論争が真正であるのは，原則的にそれが争いに巻き込まれている人の一人が排除されるようになるときである。或る同意が真正であるのは，真の論争が行われ得るときである。これら二つの主張は明らかに相互に結びついている。というのも，自由に実存する者たちの間での和解，協調，そして調和が大切なのは，まさに自由に実存する者たちの殺害，戦い，そして破滅が実際に可能だからである。倫理的，社会的，あるいは政治的な哲学を定式化しようとする哲学者であれば，何人もその事実をまったく無視することはできない。

しかしながらそのような帰結から後退してしまうことが独白的な哲学の代表者たちの特徴となっている。論争を先導した二人の哲学者であるヘーゲルやサルトルでさえ，有限で自由な意識を「絶滅」(annihilation)させることにすこしも我慢しようとは思っていない。

主人と奴隷に関するヘーゲルの〔『精神現象学』における〕

第5講義　自由の増大

有名な章には，二つの意識の間での「生と死の苦闘」がある。しかしこの闘いが終息するのは奴隷の死によってではなく，むしろ〔主人への〕服従によってである[19]。サルトルは彼の主著『存在と無』において，しばしば「無化」(nihilation) に言及するが，「絶滅」(annihilation) については言及していない。サルトルは或る意識的な存在の憎悪が，他の意識的な存在を絶滅させる傾向にあることに気付いてはいる。しかし彼がわたしたちに教えていることは，憎む者によって絶滅させられた他者は，その憎む者の意識にとっては現に実在していた者として生き続ける。それゆえ彼の言う絶滅は無意味である[20]。

サルトルがここで想定しているのは——彼が現象学的存在論において常に行っているように——すべての意識が自分自身の世界を投影していることである。それゆえに彼は，本当はそうではないという印象を与えるような結論に至る。現象学の立場からわたしたちは次のように主張しなければならない。他者は純粋な意識として憎まれることはなく，わたしと一緒に共有する周囲世界に生きる人として，また，その者の実存と活動によってその〔周囲〕世界に特定の特徴を与える人として憎まれる，と。もしも他者が絶滅させられるならば，その者の実存と活動は途絶える。そうすると周囲世界はこのわたしがそれに与えた特徴を帯びるようになる。

ヘーゲルとサルトルが共に破滅に至る闘争の問題を避ける理由は単純である。死に至る破滅との闘争は，相互に意志の伝達を交わすいくつかの意識的な自由な存在というお互いに独立した実存を予め前提している。しかしこれはヘーゲルとサルトルのどちらもが，それぞれの体系の枠組みにおいて受け入れることができないものである。

2. 有限な自由はいかにして可能か

「開放された動物」としての人間

　このすべてが示していることは，人間の自由に関する現代の思考が多かれ少なかれ行き詰まりを見せているということである。もしもそれを再起動させたいならば，わたしたちは頑固で深く根付いた思想の習慣を取り除かねばならないであろう。

　わたしたちが最初に取り除かなければならない先入見は，次の確信である。すなわち，自由とは自分のことを自分自身で決めるために十分発達した個人の能力という意味において，人間の存在論的な特徴だということである。歴史的な立場からするとこの確信は極めて疑わしい。ジョルジュ・ギュスドルフが自由の人間的意味に関する彼の有意義な著作[21]において広範囲にわたって証明しているように，個人の自由という典型的な西洋の概念は，先に素描したように，およそ千年にも渡って続いた宗教的，哲学的，そして政治的発展の最終的な結果なのである。

　さらに実存主義の哲学者のなかには，個々の人間がみな自分自身を解放し，自分自身の可能性として自由をわが物にしなければならないと指摘するものもいる。これが消極的に意味していることは，人は好むと好まざるとに関わらず自由になるのではないということ，つまり自由は，いわば外側から人に与えられるものではないことである。これは有意義な考え方ではあるが，それは実存主義的‒哲学的な個人主義という拘束具から開放される必要がある。

　ことによると自由な活動の問題は，他のとりわけ人間的な行動の仕方の問題と同じであるかもしれない。ヘルムート・プレスナーは典型的な人間の能力に関して次のことを指摘している。「人間の人間としての自己把握は，話したり，行為

第5講義　自由の増大

したり，形成したり，笑ったり泣いたりする天賦の才を……人間のさまざまな能力からそれらの才を際立たせ，引き出してくるのであり，それらの能力を区分したり画定したりする第一条件であり原理なのであって，そこにそれらが陶冶可能な能力であることの源がある」[22]と。これらの言葉は自由な活動性にも適用可能ではないだろうか。それらは独白的思考という実りなき堂々巡りから抜け出る方法についての指示を含んではいないだろうか。

わたしたちの問題に関しては二つの事が重要である。第一に，自由な存在としての人間の自己把握は，異なる人々による異なる歴史的な時代における自由の具体的な追究にとって決定的である。さもなければ，ギュスドルフによって叙述されたような自由の観念の進化は説明され得ないであろう。第二に，自由であることが何を意味するのかに関する人間の考えは，常に個々の人間に先立っていることは明らかである。この観念は明らかに自由な人間の社会のうちに生きている。したがってそれは社会生活一般だけでなく，社会生活における種々の具体的形式をも前提としている。

ここからわたしたちは次のように結論づけてもよいであろう。すなわち，個々の人間が自由になり得るのは，ただその者が自由な人間の社会のうちに生まれ，そしてそのような社会の枠組みのなかで育まれることによってのみである，と。しかしながらこの主張は特定の人間本性の実在を否定するものではない。わたしたちは人間が自由を与えられるときには，それを自分の物とする才能をもっているということがその本性に含まれると言うことができる。機械や動物にはこの才能がない。この才能は間違いなく人間本性の重要な特性である。

3. 結　　論

発生的および社会的視点の重要性

　これまで考察してきたすべてから引き出される方法論的な結論は，自由に関する歴史的見解は，発生的および社会的な考察をもって補完する必要があるということである。これらの両者は本来の哲学的な反省の対象とならねばならない。世代による変化の現象は哲学的人間学の主題とならねばならない。しかしながらここでは，いくつかの根本的な考え方を展開させることができるだけである。わたしたちが考えているものを説明するために，わたしたちの視点をそれとはまったく異なる着想と比較してみよう。

　カントの影響を受けたドイツの詩人フリードリヒ・シラーは，彼の作品の一つで次のように書いている。「人間は自由なものとして創造され，その者がたとえ鎖に繋がれて生まれてくるとしとも自由である」と。これらの言葉は形而上学的，道徳的，そして宗教的な要請を表現しているが，それらは経験とは一致しない。現象学的な立場からすると，人間はいつ，どこで，そしていかなる状況の許で生まれてこようとも，自由ではないと言わねばならない。人は生まれるとき，幼い動物と同じ程度に生物学的な欲求と衝動に支配されている。またわたしたちは，人間が生まれてから動物の間で育つならば，依然として動物のようであることを知っている。これは18世紀では「アヴェロンの野生児」によって，20世紀では「ミドナプールの狼少女」によって集められた経験から立証されている[23]。

　これらのすべてが，人間は生まれたときには「解放される

第 5 講義　自由の増大

べき動物」(Animal to be freed) として現れるというわたしたちの考え方を明らかにし，確証している。これはまだ自由ではない子供のなかに自由を芽生えさせるのは自由な大人だということを意味している。この開放が要求することは，ちょうど子供が発話，道徳性，そして文化の可能性を自ら進んで自分の物としなければならないのと同じように，子供が自分の可能性として自由の可能性を発見することである。しかし子供が自由の素質を自分自身のものとすることができるのは，ただ自発的に他者へと，つまり成人へと立ち向かうこと (turning-to) によってのみである。それゆえ他者へ立ち向かうことは，自己解放の路上での第一歩なのである。

　それゆえサルトルが人間は自分自身を選択することによって他者を選択すると言うとき，彼は正しい。しかしこれは真実の半分であるに過ぎない。それと対を成す真実は，人間は他者から選択されることなしには自分自身を選択することができないということである。そうすることによってのみ，自由な関係性が成立する。というのも，ブーバーによれば「関係とは選ばれることであると同時に選ぶことであり，〈受動〉であると同時に能動」[24]だからである。

有限な自由

　ここからわたしたちは次のように結論づけることができる。すなわち人間は初めから絶対的な自由をもっていて，後になって独立してから他者との関係に入っていくのかどうかを決定するのではない，と。そのような絶対的な自由は現実とは一致しない。それどころか，〔他者との〕関係性は人間における自由の揺籃のなかで立ち上がっており，この関係性は事実的なものである。それは事実性と一致する。

3. 結　論

したがってわたしたちは，いかにして有限な自由は可能かという問いに答えたことになる。人間の自由は外的な制限や，あるいは自己制限を通して有限なものとなるのではない。それが有限であるのは，それが関係性から発現するからである。それが有限であるのは，それが選択するときには選択されているからである。それが有限であるのは，その選択が事実にもとづく選択だからである。

自由と恣意性

関係性から生じる自由の運命は，関係性のなかへと入っていくことである。もしもそれがその運命を拒むならば，つまり他者と関係をもつことを望まないならば，それは恣意性へと退行する。選択そのものは恣意的ではない。むしろ恣意性が含まれるのは，選択する者がその決定の絶対的な主体として自分自身に立ち向かうことから生じる選択にだけである。

この点を明らかにするために，恣意性に関する古典的な例を思い出してみよう。あるローマ皇帝を例にして考えてみると，彼は闘技場で剣闘士の戦いを観戦し，敗者が殺されるべきか，あるいは生かされるべきかを手の動きによって決定する。皇帝は一人の人格としての敗者にはまったく関心がない。剣闘士はただ自分の生命を賭けるためだけに生かされている奴隷である。その者を殺すか，あるいは助命するかに関して示され得る動機は何もない。また，そこにはまったく動機がないがゆえに，その決定はもっぱら皇帝の個人的な主観性にもとづいている。敗者が生きるか死ぬかは皇帝の好みにだけかかっているという事実に彼は気付いている。換言すると皇帝は，もっぱら自分自身を，自分の権力を，自分の主権を，そして誰にも説明する必要がない決定をする権利を反映

第5講義　自由の増大

している。

　この短い分析は，恣意性とは他者へ立ち向かうことがない自由の行使である点を示している。それどころか，もしも自由な行為者が他者との関係に入っていくならば，依然としてその者が過ちを犯すこと，誤った結論に至ること，不当に振る舞うことは可能ではあるが，それでも恣意的な仕方で振る舞っていなかったことになろう。

　恣意性が生じるのは，行為する自我がもっぱら自分自身の自由だけを熟考するときであり，つまり恣意性は偽の無限性に熱狂する意識から生じる。ところが他者に対する自分の責任性を自覚する者は，自分の自由の限界を知っている。なぜならその者の自由の限界が他者の自由だからである。

　それでもこの表現が完全に正しいわけではない。わたし
たちが前に行った分析[25]の意味では，他者の自由は初めから明確に見分けられる限界としてわたしに現れるのではないと言うべきであろう。当然のことながら人は，従来の取り決め，道徳的な規範，法律，そして政治的な合意を通して第二の境界線を引いていた。これは道徳的で合法的な自由の追求を，その非道徳的で違法な追求から区別することに役立っている。それらの規則には何を入れるべきであるか，また，その境界線はどこに引かれるべきであるかという問いは，人が変われば答えも変わるものである。さらにそれらの視点は，歴史の経過のなかで変化する。しかしながら従来の規則，道徳的な規則，そして政治的な規則が定式化され得るのは，ただすべての人が自分の自由が有限なものであることに漠然と気付いているという事実によってであるということが明らかなはずである。わたしは他者の自由を，そしてこの他者の自由を「どこかでは」尊重しなければならないという事実を根源

3. 結　　論

的に自覚している。この理由から他者の自由は限界というよりもむしろ，一つの地平に比較され得るのである。

　心理学，精神医学，社会学，人類学，そして経済学といった現代の学問が，人間の自由の追求に関する類型論，理論，そしてモデルを構築したことは真実である。これらの理論やモデルは，わたしたちが他の場所で強調したように[26]，有用であるばかりか不可欠でさえある。それをもう一度繰り返すが，客観化およびその結果としての形式化は，〔決して赦されない〕「聖霊に対する罪」と見なされるべきではない。人間科学の枠組みのなかで発達した方法を用いることなしに，有意義な仕方で現代社会を組織化することは不可能である。しかしこれらの科学に従事する者たちは，次の点を忘れてはならない。すなわち自由の蓋然的な追求のモデルは，まさにそれらの本性からして近似値（approximation）に過ぎないということである。まさに人間の自由の領域においてはもっとも予期せぬ事柄が起こり得るために，それらは多かれ少なかれ不完全なのである。他者の自由とは，究極的には他者の神秘である。そして，そもそもわたしは完全な確実さをもって他者が自由によっていかに振る舞うかを予測することは決してできないがゆえに，他者に対するわたしの自由は制限されているのである。

第6講義
信 の 成 長

1. 序論 「汝」についての問い

　わたしたちが見たように，わたしの有限な自由は関係性のなかへと入っていく運命にあり，わたしは「汝」と出会うために呼び出される。そしてこの運命がわたしの生活を初めから規定しているがゆえに，わたしが運命として受け入れる「汝」，わたしがその者に呼ばれるように感じる「汝」は，わたしに先行していなければならない。これがこの講義においてわたしたちが発展させようとする根本的な考えである。しかしわたしたちはこれを始めるまえに，特定の分野における混乱を先に議論しなければならない。当然のことながら立てられるべき明白な問いは，「繰り返し言及されている〈汝〉とは誰か」である。

　この問いはまったく道理に適っている。そしてわたしたちがこの「汝」について語ることをためらうように思われ，また，わたしたちのアプローチが一貫性を欠いているように思われるがゆえに，なおさらそうである。第三講義においてわたしたちは，「汝」を「最初に考えられ得るもの」(*primum cogitabile*)，世界の理解可能性の保証人，常に与えはするが決して与えられないもの，信じられはするが決して客観的

に経験されないもの，などと呼んだ。他方で第四講義において「汝」は，ある具体的な人間の人格と見なされた。そして「汝」との関係は心理学的な側面を，つまり，発展，変化，そして消失の可能性をもつように思われた。汝に対する信頼（faith）も，人格の心理学的，社会学的状況によって一緒に動機づけ（co-motivated）られた。このことは具体的な「汝」への信頼は揺さぶられ得るということを示していた。「汝」は「唯一の他者」（the other）となり，また「一人の他者」（another）となり，さらに最終的には「多くの他者のうちの一人」（one other among many others）へと変化することは，完全に妥当するように思われた。

それゆえある種の動揺がわたしたちの議論全体に浸透しているように思われる。おのずと反論が現れる。その具体的な「汝」は，どうしたら決して与えられないものとなり得るのだろうか。経験されるものが，いかにして同時に信頼の対象となり得るのだろうか。もっとも身近なものが同時に神秘的になることは，いかにして可能であろうか。わたしたちは続く考察においてこれらの問いに答え，その見せかけの矛盾を取り除くべく試みよう。

2. 対話的哲学の困難さ

これらの反論を明確にすることをもって，わたしたちは対話的哲学の問題の核心そのものに入っていく。いわゆる「対話的哲学」の脆弱性はまさにこの点に，つまりその「汝」という根本的な観念が存在論的に正当化されていない点にある。このことがもっとも多様な「汝」の発想を人々がもっていることの理由である。フェルディナント・エープナーに

第6講義 信の成長

とっての「汝」は明らかに神であり[1]，ルートヴィヒ・ビンスワンガーにとってのそれはまさしく明証的に最愛の人であり[2]，マルティン・ブーバーにとって「汝」は，神秘的な体験を通してわたしの精神との親密な関係に入り込むすべての存在である[3]。しかしながら哲学的な観点からすると，これら三つの概念はいずれもそれほど満足のいくものではない。このことは容易に示され得る。

ブーバーに関してわたしたちは，神秘主義が哲学的思考を実り豊かなものにするということに心から賛同する。このことはピタゴラスからシモーヌ・ヴェイユに至る哲学の歴史によって十分に明示されている。ところがこのことは，神秘的な経験そのものが普遍的な経験ではないという事実を取り除くことはない。その結果としてそれは普遍妥当性を要求する分析の基礎を構築することはできない。

エープナーはまさにその出発点から神と共にあり，いかにして他者が神の許に到達するのかを問うことはない。彼の議論はそもそも哲学的ではない。そしてさらに彼は哲学に対するひどい侮蔑を表明する。

ビンスワンガーはこれとは無縁である。彼はここでわたしたちが与え得る以上の注目を集めるに値する。というのも彼の主著には，わたしたちにとって有意義な考えが豊富に含まれているからである。たとえば，「一方的に構成する志向性」の拒絶[4]，「わたしたち」が構成を可能にする条件であるという視点[5]，そして愛情深い人がもっている受容性を明瞭に説明する「贈り物」（gift），「寄付行為」（donation），「好意」（favor），そして「思いやり」（grace）という彼の発想[6]がそれである。

それでもビンスワンガーの試みが完全に成功したと考える

2. 対話的哲学の困難さ

わけにはいかない。それは依然として根本的な批判にさらされたままである。ここではなぜわたしたちがビンスワンガーを拠り所にすることができないのかを簡単に指摘するとしよう。

　ビンスワンガーの出発点は——否定的な仕方ではあるとしても——ハイデガーの有名な現存在（*Dasein*）の分析のうちにある。ビンスワンガーは「気遣い」の構造がそのすべての形式において人間の実存を規定するというハイデガーの命題に反対する。「〈わたしたちであること〉（we-ness）を愛すること」は，世間性（worldliness），歴史性（historicity），そして有限性（finiteness）さえも超越すると彼は説く[7]。しかしながら後に彼が付け加えることは，すべての愛はその歴史をもつということ[8]，また，人間の愛が「気遣い」によって反駁されなければ実在し得ないということである[9]。彼は最終的に次のように認めざるを得なかった。「愛はそれ自体では決して存在を理解することも，自分自身を理解することもできない……なぜなら存在の理解だけでなく，〔愛が〕〈存在のうちで〉活動的であることも，それ自身を保つことも可能にするものが気遣いの有限性だからである」[10]と。要するにビンスワンガーは人間の愛が現実においては不可分的に「気遣い」と結びついていること，つまり歴史性，世間性，そして有限性は愛における本質的特性に属しており，これらがなければ愛は存在のうちで活動的であることも，自分自身を保つこともできないということを認めざるを得なかったのである。

　もしもこれが真実であるとすれば，現象学的-人間学的証明[11]の出発点は，現に起こっているように人間の具体的な実存のうちに求めるべきではないのかどうかが問われねばな

第6講義 信の成長

ない。「愛それ自体」や「気遣いそれ自体」といった「現存在分析」の観点は、現象学者の第一の仕事——それは現れるものを忠実に記述する——にとっては副次的なものに留まるべきではないのか。

ビンスワンガーがドイツのロマン主義者フランツ・バーダーの超-世間的、超-歴史的、そして超-実存的な人間の愛は「夢幻(ゆめまぼろし)」であるという考えを肯定して採り上げる事実のうちには、意図せぬアイロニーがあるように思われる[12]。ロマンのない現象学者にとって「夢幻」とは何であるのか。人はこう答えるであろう。それは、わたしが想像するということが想像されたもの、わたしが夢想するということが夢想されたもの、わたしが想像するというノエシスが想像されたノエマである、と。もしもわたしが超越論的に構成する自我であるならば、この回答は答え得る限りですべてのことを実際に述べていることであろう。ところが「一方的に」構成する超越論的自我の概念が退けられるならば、その時この回答は何も語ってはいないことになる。

対話の存在論的次元に関する問い

わたしたちはここで対話的哲学の企てに根本的な欠陥を見出す。対話の熱烈な主唱者であるミヒャエル・トイニッセンでさえ、数多くの対話的著者から成る一連の研究の最後に、それらの著者に対する深刻な叱責の言葉を付け加えねばならなかった。これらの思想家たちは、ある種の現象が事実として起こるのを示すことだけに限定しており、それらの存在論的関連を吟味し損なったと彼は述べている[13]。そのため彼らは不可欠な問いに答えることを避けている。たとえばバーダーやビンスワンガーの言う「夢幻」の存在論的状況はいか

2. 対話的哲学の困難さ

なるものであるのか。エープナーによる神の経験の哲学的意義は何であるのか。ブーバーによる極めて個人的な神秘体験から導かれ得る哲学的帰結とは何であるのか。わたしたちが言うことのできるすべては，彼らが「対話的」(dialogal) という用語をもっとも広い意味で捉えて，「対話的状況」のなかで実際に生きられたということである。しかし対話的な出来事の存在論的意義は明らかにされないままである。

このことはわたしたちをきわめて重要な決断をしなければならない地点にまで至らせる。わたしたちは或る選択をすることができる。わたしたちは対話的哲学の歴史家という役割を——批判的な歴史家という役割でさえも——演じることに限定することもできるであろうが，建設的な仕方で前進させることもできるであろう。もしもわたしたちが後者を選ぶならば，次のように問わねばならない。すなわち，きわめて重要な存在論的方向づけを提供することによって，この決定的な点で偉大な対話的な思想家の成果を補完することは，対話的現象学の任務となりえないのだろうか，と。

ここでわたしたちは簡潔に，対話的哲学への存在論的次元を導入するために必要となる要素を集めてみるとしよう。わたしたちの考えでは，すでに以前の講義のなかで重要な役割を果たしていた三つの観念が，存在論的な方向づけの要点として役立つのにとても適している。すなわちそれらは「信」(faith)，「生命」(life)，そして「世界」(world) の観念である。まさにこの三つの観念の内容と相互連関がいっそう重要な研究の主題とならねばならない。

3. 信 (faith)

根本的な人間の態度

わたしたちが述べたように,「信」を排他的に, あるいは主として, 宗教的な意識の機能と理解すべきではない。同様にわたしたちにとって「信の内容」は, カール・ヤスパースやガブリエル・マルセルのような哲学者たちがそれを「哲学的信仰」(philosophical faith) と呼ぶような, 哲学的確信の全体を表しているのでもない。わたしたちにとって「信じること」,「信じる者であること」は, 或る一般的な人間の態度を表している。

この〔信じるという〕態度は無神論者にとっても無縁ではない。無神論者もまた, 特定の人々を信じないわけにはいかないし, それらの人々が語ることを真実として, その判断が十分な根拠に基づいているものとして, そしてその評価を正当なものと見なすことを避けられない。それらを証明することができないとしても, そうなのである。この一般的な人間の「信」は, 当然のことながら他者がわたしたちのうちに生じさせる真実に関係づけられ, また, 時にはわたしたちが抱く尊敬の念において他者がもつ権威に関係づけられている。

それにも関わらず,「信」はある見解, 思考方法, あるいは偏見を無批判的で無反省的に受容することと同じではない。もう一度言うが, 信はデイビッド・ヒュームがこの用語に与えた意味での信心 (belief) ではない。というのも, たとえそれが宗教的な行為でなくとも, あらゆる信じる行為においては何らかのことが真実として認められ, 妥当なものとして肯定され, そして内的確信として受容されるからであ

3. 信 (faith)

る。要するに，信はたとえ他のあらゆる認識と同様に，誤謬の危険に晒されているということが事実であり続けるとしても，それは現実の——そして見かけだけではなく——断定的な認識の一つの様式なのである。フッサール自身が発表されたものや未発表の原稿において「信」や「信の明証」という主題を扱っているという事実にも関わらず[13a]，この特殊な認識の様式の現象学は，これまでいくぶんなおざりにされてきた。

ここにはある困難なことが現れている。宗教的な人間や神学者は「信」（faith）という用語を宗教的な信心のために確保したいと考えるであろう。彼らがキリスト教徒であるなら次のように付け加えるであろう。信とはまったく無償の「恩寵」，賜物であり，したがって「信じること」は人間の態度と呼ばれてはならないし，いわんや人間の一般的な態度などと呼ばれてはならない，と。

ことによるとこの困難はその見かけほど深刻ではないかもしれない。たいていのキリスト教神学者たちとともに，わたしたちは救いをもたらす信仰が恩寵であり，不可解で神秘的な賜物であるということを認めるとしても，この世界においてはこの賜物が人間によって受容されたり，拒絶されたりすることを依然として認めざるを得ないであろう。こうした信仰の受容——または拒絶——は，形式的かつ実質的に規定された世界において現れる。そしてそれは人間学的，心理学的，社会学的，そして歴史学的な様相を帯びている。

こうした事実の承認は，キリスト教神学が信仰によって生じたものと見なす神秘的な特徴と矛盾しない。むしろこの承認は，神秘とは何であるかについてのある種の視点と結びついている。わたしたちはここで第三講義の最後に述べたこと

を参照して構わないであろう。すなわち「神秘というものは世界の背後にある一つの世界のうちに横たわっているのではない。それは身体や感覚所与，あるいは社会‐歴史的過程といった現実の背後に隠れてはいない。神秘はわたしたちの間やわたしたちの傍で，またある程度は，わたしたちを通して起こる」[14]。それゆえ神秘がわたしたちを通してその姿を現す限りにおいては，わたしたちが現在の状況のなかで信の神秘を考察することを妨げるものは何もない。このようにしてわたしたちは人間の態度，状況，そして行為について言及することが可能であり，それらは——たいていのキリスト教神学者にとっては不十分であるとしても——宗教的な意味における信にとって欠くことのできない条件である。

　それゆえに，信じるノエシスとそれに対応する信じられるノエマについて考察する現象学の余地は存在する。ところがわたしたちが述べたように，フッサール以降，現象学の探求においてこの領域にはほとんど関心が払われてこなかった。もちろんこのことは哲学者たちが信を通しての認識がもっている独特な性格について考えなかったということを意味するのではない。それどころか，この主題についての広範囲な著述が現にある。こうした思想，解釈，そして分析の宝庫から，わたしたちは特殊な考察のために一つの論文を選び出した。それは先の考察において繰り返し言及された著者，マルティン・ブーバーによって書かれたものである。

信の作用に関するブーバーの視点

　ブーバーの特筆すべき二つの信じ方に関する研究は，「生の単純な事実」[15]のうちに出発点を置いている。「この信頼（trust）に十分な根拠を与えることができないとしても，わ

3. 信（faith）

たしはだれかを信用する」ということはよく知られた現象である。第二の現象は，「さらにそれに適切な根拠を与えることができなくとも，わたしは何かを真実であると認識する」[16]。わたしが自分の態度に十分な理由を示すことができないという事実は，知性の欠如によって生じたものと見なされてはならない。ここで明らかに示されていることは，わたしが信頼する人格に対する関係，あるいはわたしが真理として認識する判断に対する関係がもっている本質的な特徴である。そのような関係はわたしを信頼する態度へと強いたり，あるいは真理の認識へと強いたりする，どちらの推論の過程から生じるのでもない。わたしは後になってから自分が〔その人や物事を〕信じるようになる方向づけを支える理由を示すことができるが，しかしこれらの理由は説得力のある動機ではない。これは偶然ではない。というのも，わたしが全存在を賭けて行う信の行為は，わたしに思考可能な対象となり得るすべてのものを超越するからである。

　宗教的な信仰は，この「信じる」態度とは一般的な意味で異なる。なぜなら，それは客観的に——そして主観的にだけでなく——無条件的に妥当するものに関わるからである。「それが意味することは，ここでは信じる関係性がもはやそれ自身に条件づけられたものや，わたしにとってのみ無条件的な「誰か」や「何か」に関わるのではなく，むしろそれ自身においても無条件的である何かに関わる」[17]。宗教的な信仰もまた，二つの本質的に異なる形式で現れる。すなわち，人は誰•かを信じることができ，そして人は何•かを信じることができるということである。

　次にブーバーは，第一の信じる仕方が初期のイスラエルの人々に特徴的であったこと，そして第二の仕方が原初のキリ

第6講義　信の成長

スト教に特徴的であることを詳細に示そうと試みる。ここでわたしたちは，ブーバーによる〔聖書の〕解釈学的および歴史的研究——それは上述した彼の業績[18]の主要な部分を成している——を省略し，単純に彼の根本的な考え方に焦点を当てることにしよう。

「信じる」行為が二つの異なる仕方において，すなわちわたしが誰かに寄せる信頼と，わたしが何かのうちにおく信頼という仕方で生じるということは，現象学的に正当であろうか。わたしたちはブーバーの視点の正当性を認めたくなるかもしれないが，わたしたちはまずもって非-宗教的な日常生活の経験から論点を引き出してみよう。

日常生活においては，公式発表の真実性や法的規制の正当性，そして技術製品の信頼度を，〔それらを裏付ける〕証明によってわたしたちの自発的な信頼を正当化することができなくとも，わたしたちがそれらを信頼するのはごく普通のことである。また，わたしたちが誰かを「信じる」ということも起こる。当然のことながらわたしたちはその人を盲目的に信頼するのではない。通常はその人の法的適格性，忠実さ，そして信頼度が何度も繰り返し現れている。しかしこの事実は，依然として，わたしたちがこの人を「信じる」ようになる理由ではない。「信じることとは，どこまでも信頼し続けることである」[19]とブーバーは言う。また，わたしたちが何ら説得力のある動機を提示できないのは，まさにわたしたちがどこまでも信頼し続けることができないからである。ここで自ずと明らかになるのは，わたしたちの人格を信頼できる他の人格に引き渡すということである。

3. 信 (faith)

ブーバーの命題の補完

ブーバーが提示した研究は，信じることの現象学にとって重要な貢献である。しかしわたしたちは，それは哲学的な立場から満足のいくものであるのかを問うことができる。厳密に言うと，ブーバーは〔聖書の〕解釈学的かつ宗教史的な事実の考察に自分自身を制限している。そこには二つの信じる仕方があり，一方は初期のイスラエルに見出されるもので，他方は最初のキリスト教徒たちの間や，使徒パウロにおいて見られるものである。ことによるとブーバーがその論文の最後に付け加えているように，今日ではかろうじて想像できる仕方で，典型的なユダヤ人の代表者たちによる神信仰と，典型的なキリスト教徒の代表者たちの信仰が，いっそうお互いをよりよく理解し合い，そして助け合うということが将来起こるかもしれない。しかしこの相互理解は，誰かを信じることと，何かを信じることが「本質的に異なる」ことであり，またそうあり続けるという事実を取り除きはしないのである[20]。

哲学者にとってはこのことが最後の言葉とはなり得ない。というのは，もしもこれら二つの人間的態度の間に深い溝があるとすれば，なぜわたしたちはそれら両者を共に「信じる」態度と呼ぶのだろうか。もしも両者の態度が，それらすべての相違にも関わらず，共に「信じる」形式であるとすれば，この共通した本質が探究の主題とならねばならない。さらに言うと，この一致はただの偶発的なものではないので，それの存在論的基礎が探求されなければならない。もしもこの探求がなおざりにされるのであれば，わたしたちはミヒャエル・トイニッセンによって対話の哲学者たちに対して述べられた次のような非難を，すなわち，彼らはたいてい現象に

第 6 講義　信の成長

注目することで満足しているが，それらの存在論的な意義を疎かにしているという非難を甘受することになる。

　それゆえわたしたちはその問題に現象学的な立場から接近することにしよう。わたしたちは具体的な事例をもって出発し，初めは何らかのコミュニケーションの内容が信じられたり，信じられなかったりする実例に制限するとしよう。そこでわたしたちの態度を次の三つの状況において分析してみよう。

　　1. 地方の新聞が，昨日，市立病院にて 25 万人目の市民が誕生したという市民登録課からの公式な報告を掲載する。
　　2. ある国の新聞が戦時中に一連の軍事的な成功を報告する。敵は深刻な損害を被り，友軍には致命的な負傷者はなかった。
　　3. ある人がわたしに愛していると告げる。

　三つの事例すべてにおいて，次のことは明証的でなければならない。すなわち 情 報（コミュニケーション）の信憑性を評価する際に決定的な〔役割を果たす〕要因は，その論理的，あるいは言語的な形式に対する批判のうちにあるのではなく，むしろそのメッセージを発する人物に対する評価のうちにある。それにも関わらず，そこには相違がある。最初の二つの事例においては，情報を伝達する人や，人々の評価が，その発信者（コミュニケーター）の〔おかれている〕状況をも考慮に入れている。それらの発信者の経験，人間の知識，典型的な状況に関する前‐科学的，あるいは科学的な理解が，判断をするときに重要な役割を演じている。

　この点をわたしたちの例を用い説明してみよう。最初の例において市民登録事務所が市の人口に関して虚偽の報告をす

3. 信 (faith)

る重大な理由はない,とわたしは考えるだろう。さらに,わたしはこれまで公務員が適正で信頼できることを示しているという印象を受けてきている。それゆえわたしは25万人目の市民という報道を「信じる」。他方で戦時中の国家に関しては,わたしは過去の経験から,しばしばそれらの状況が軍事的な成功を報道するのを強要することを知っている。また,わたしはそうした戦争の情報に関するステレオタイプの図式をよく知っている。この理由からわたしは輝かしい勝利という新聞の報道を信じない。

このすべてにおいて明証性の問題はない。かつてはあれほど信頼できたはずの市民当局がこの度は虚偽の報告を行ったという可能性は否定できない。また他方で,戦争の情報局が今度だけはプロパガンダに陥らないで,単純に真実を報道したということも考えることができる。「わたしは信じる」とか「わたしは信じない」と言うとき,わたしはこれらの具体的な可能性に気付いている。わたしは信じることや信じないことによって,何らかの判断を下したり,何らかのリスクを受け入れたりする。しかし上述した二つの事例においては,「意図されたリスク」がある。わたしが客観化する経験においてもつ所与によって,信の——不信もまた一つの信であるために,あるいは不信の——本来の様相が変えられても最小限にとどまる。

第三の事例においてはその状況が異なっている。もしもわたしが人間に関して何らかの経験や知識をもっていれば,当然のことながらわたしの状況を,或る人間が他の人間に「あなたを愛している」と語る別の状況と比較してみることはできる。恐らくわたしはそうした比較をしたくなるであろう。そしてその時にわたしは,その人たちの年齢,性別,社

第6講義　信の成長

会的，文化的，そして歴史的な諸条件を考慮に入れるであろう。ところがわたしの比較の結果は期待はずれであろう。というのも，もしもわたしが人々を知っているなら，年齢や性別，また社会的，文化的，そして歴史的な諸条件がまったく同一であり得ることをもわたしは知っているし，またそれにも関わらず，ある人による愛の告知がまったく信用できるのに，また他の人によるそれが絶対に信用できないということも知っているからである。

この相違はいかに説明できるであろうか。明らかにそれは，すべての所与，すべての状況，そしてさらには周囲世界の全体が，その愛している他者の特徴によって彩られているという事実によってである。「他のすべてはその人の光のなかで」つまり他者の光のなかで，「生きる」[21)]というブーバーの言葉がここでは妥当する。それゆえ他者の存在を周囲世界の存在という助けを借りて規定しようとするわたしの試みは，ほとんど成果を生み出さないのである。

しかしながらこれがすべてではない。まさに「情報伝達（コミュニケーション）」という言葉は誰か他の人によってではなく，他ならぬこの人によって語られるときには，それは異なった意味をもっている。いかなる論理的，統語論的，あるいは意味論的な分析も，そこに根付くあいまいさを取り除くことはできない。というのも，「あなたを愛している」という言葉は，その用語の本来的な意味での情報伝達ではないからである。最初の二つの事例との比較がこの点を明らかにする。第一の事例が言及している子供が産まれたのか，あるいは産まれなかったのかは，その子供の誕生が公に報道されたかどうかという疑問とは関わりがない。軍は勝利したか，または敗北したかのどちらかである。新聞が勝利を伝えても少しも現実を変えるこ

3. 信（faith）

とはできない。ところが第三の事例において述べられていることは，それを伝達する者とは無関係に存在するのではないし，また断言する行為と無関係でもない。それゆえここには「客観的事実」（*Sachverhalt*）についての疑問はないとブーバーが強調しているとき，彼は正しい。

わたしが最後に挙げた情報伝達をわたしが信用するかどうかという問いが，「交流する」，つまり「〔情報を〕分かち合う」他者との関係にもっぱら依存するというのは驚くほどのことではない。繰り返して言うが，ここではわたしが客観化する経験はほとんど役立たないからである。それどころか，決定的な要素はわたしの人格的存在との関係のなかでのその他者の人格的存在である。わたしが決断するとき，わたしは自分自身に投げ返されており，もはや「意図されたリスク」というような問題などない。まさにその反対が真実である。もしもわたしが他者の愛を信頼し，それに対して自分自身を開示するとしたら，わたしのリスクは全体的である。また他方で，もしわたしがその愛を信頼せず，他者を拒否するとしたら，わたしの実存にとって危機はきわめて大きい。対話的関係に当てはまる法則がここに現れている。すなわち，わたしが他者を信頼するなら，わたしは信頼するその他者にまったく自分自身を全面的に明け渡している。そしてわたしが他者を信頼しないなら，わたしはその信頼しない他者に対して自分自身をすっかり閉ざしてしまう。そしてそのどちらの態度も，全体に関わるリスクを伴っている。

人格に対する信の優位性

わたしたちの分析は，人間の「信じる」態度のなかには確かに大きな相違があるということを示している。最初の二つ

第6講義　信の成長

の事例において「信じる」行為は，最大限の客観的な知識によって支えられ，導かれていたが，第三の事例においては客観的な所与は極めて小さな役割を演じていた。しかしながら同時にその分析は，三つの「信」の行為が何らかの共通するものをもっているということを示している。この共通する本質は次のような仕方で表現され得るであろう。すなわち，わたしたちが或る情報の内容を信じるのかどうかは，それを伝達する者をわたしたちが信じるのかどうかという予備的な問いに依存している，と。他の表現を用いれば，わたしたちが何事かを信じるのは，それがわたしたちの信じている何者かによって発せられたときだけである。すべての場合に人格に対する信がその人によって語られる発言の信に先立っている。

　この本質的な法則は――少なくとも本来的には――心理学的な規則と考えられてはならない。むしろそれは存在論的な洞察を表している。この法則の正しさは，わたしたちの先の研究による成果との関わりから明らかである。もしも「汝」は常に「我」に先立つことが真実であるとすれば，もしも「我」と「汝」の根源的な関係が信頼関係であるとすれば，わたしたちはここで或る根源的な存在論的関係を問題にしていることになる。この関係は現象学的には次のように特徴づけられる。「我が汝を信頼するのは，汝が現にあるがままの汝だからである」と。根本的な我-汝関係の本質が成り立つのは，まさにこのことにおいてである

　ここから次に続くことは，汝を信じている我は，そのうちに汝が間接的に汝自身を現すものに対して自己自身を閉ざそうとはしないということである。認識の現象学に関して言えば，これは次のことを意味する。すなわち，もしも我が汝を

3. 信 (faith)

信頼するのであれば，我は汝によってもたらされる情報をも真実として認めるであろう。他の表現を用いれば，我が汝の言葉を信じるのは，汝が信頼に値するからである。この定式は裏返され得ないということに留意しよう。いかに溢れんばかりの言葉であろうと，いかなる雄弁であろうと，いかに巧みな議論や大規模なプロパガンダであろうと，わたしに一つの人格としての汝を信頼させることはできないのである。それらは汝の言葉に対する我の拒絶や不信の態度を固めるのに役立つだけであろう。ここでは人格に対する信が優位を保っているようである。

ここから導出される結論は単純ではあるが重要である。それはこれまでの講義において表明された根本的な考え方を確証するものである。我-汝関係は我-それ関係よりもいっそう根源的である。これが「汝」に対する信が，「汝」によってもたらされる「情報」に対する信に先立っていることの重大な理由である。したがって，信の，あるいは不信のそれぞれに関する心理学は，存在論的な構造に基づいている。この構造が，今度は人格の有限性と他者に対する存在論的な依存に結び付いている[22]。この点は繰り返して主張する必要はないであろう。

対象化の役割

これまで素描してきた信の二つの方法は，認識の形式である。自覚の発生という観点からは，それらは認識におけるもっとも古い形式とさえ考えられるべきであろう。わたしたちが第四講義で考察したように，それらは対象の認識と客観的な関係がそこから生じ得る条件である。しかしながらこの方法は，感情に基づく信は何か原始的なものであり，超克さ

第6講義 信の成長

れねばならないという事実を取り除きはしない。事物や因果関係、また究極的な目標と手段の本性を理解することは、人間を人間らしく開化することに属している。それゆえ人が成長するにつれて批判的で対象化する認識が、感情に基づく原始的な信に対する弁証法的アンチテーゼを構成する[23]。この意味において客観化のアンチテーゼは、人間とその世界観の成長にとってはなくてはならないものである。しかしもしも人が、その用語の本来的な意味での信に到達しようとするならば、これと同じアンチテーゼが不可欠である。今やこの点が議論されなければならない。

わたしたちは「本来的な意味での信」によって何を意味しているのだろうか。わたしたちが考察したように[24]、それは最奥の本質においては対象化する認識からは独立した現実の肯定を表している。この暫定的な叙述はさらなる説明を要求する。それゆえわたしたちは、次のように付け加えるとしよう。すなわち、その叙述には暗黙のテーゼが含まれており、〔誰かを〕信じている人は、本来的な意味において、すでに自由に対象化する認識を、つまり経験と反省に基づく認識をもっていなければならないが、その者の信じている主張は、対象として適切に経験され、反省され得るものの限界を超越する、と。換言すると信がもっている真の主張は、経験や思考の対象として適切に与えられ得るすべてのものを超えていくのである。

この一見すると単純な考察から、三つの結論が導き出されねばならない。第一に、信のもっとも本来的（authentic）な行為でさえ、いわば真空のうちで生じるのではない。それは常に何らかの具体的なもの——経験や反省の対象であるとか、まずもって「信の飛躍」を可能にさせるようなもの——

3. 信 (faith)

を要求する。この何かは,或る人,地域,伝統,行為,象徴,あるいは著述であり得る。これらの具体的な現実は,本来的な意味での信の行為にとっての跳躍板として機能する。

ここでは宗教哲学の領域に踏み込もうとするのではないので,わたしたちはあえて世俗的な経験から借用した例証を用いるとしよう。わたしが或る友人の誠実さを「信じている」とき,わたしはすでにその人についてある程度の認識をもっているということが明らかに含意されている。ところがその人に対するわたしの「信」から出てくる主張は,経験的所与を超えていく。わたしは自分が知っているあらゆる事実を超越し,自分の確信に次のような表現を与える。すなわち,いかなる事態が生じようとも,わたしへの友人の誠実さは揺るがないと判明するだろう,と。

それゆえ友人の誠実さへの信は,社会生活と人間の間の関係の認識を前提している。それでもこれらの具体的な所与のさ中には,そのものとしては示され得ないものや,信の行為によってのみ捉え得るものがある。

ヤスパースは超越への通路となり得る具体的なデータを,秘密文字である「暗号」と比較する。彼が『形而上学』において語っているように,次のことはわたしの反省によって据えられた形而上学的な仮説ではない。すなわち,わたしに対して存在を現してはいるが,「暗号の身体的な現前であって,存在はそのなかに輝いているから,わたしは暗号を超えてはそれを考えることができない」[25]。これらの言葉をわたしたち自身の観点から解釈してみよう。わたしたちが述べたように,わたしにとって「身体的な現前」とは「汝」である。また,存在が何であるのかがわたしに対して明確になるのは,わたしが「在る」のと同じように「在る」存在に出会ってい

るときだけである。

　そうすると第一に，わたしにとっての秘密の記号は，具象的な「汝」である。しかしこの「汝」は経験されることができ，また論理的な演繹の出発点となり得る限りにおいては，超越への通路となるあの秘密の記号ではない。むしろ「汝」のおかげで，また「汝」において，何らかのものが——わたしが「信じる者」としてだけ理解できる何らかのものが——わたしに理解可能なものとなり得る。ヤスパースの術語において，「汝」とは信の態度において「読み取られ」得るだけの暗号である。

　第二に，わたしの超越の様式は，わたしの経験からまったく独立しているものではないということは明らかであろう。「跳躍板」は飛躍の方向を決定する。この点を具体的な例によって説明してみよう。子供が自分の両親を経験する仕方は，その子の宗教的な発達にとって決定的となり得る。アドルフ・ブーゼマンが叙述しているように，「両親による無条件的な愛は，保護されているという感情，単純な安心感のなかに基礎を置いている。この根源的な守られているという感情は，同時に後になってからのあらゆる信頼と，それゆえにまた人が神によって守られているという感情の原型であり，〈準備教育〉である」[26]。

　第三に，——そしてこのことを多くの著者が忘れている——特定の具体的経験が，もはやわたしの信にとっての「跳躍板」として役立たないように思われる瞬間が訪れることがある。ヤスパースの言う特定の「暗号」は，その時にはもはや判読できない。この考えは，わたしにとっての具体的な「汝」であった特定の暗号にも妥当する。わたしの或る発達段階で，わたしが信じていた「汝」が「信じられなく」なる

ということは正常であり，必然であるとさえ考えられる。というのも，そうでなければわたしは常に人生で最初に出会った具体的な「汝」の奴隷であり続けるだろうからである。そうするとわたしの人生は抑圧され，わたしの発達は特定の段階で固定したままであるだろう。わたしたちはそのような固定を問題として扱っている事態の正常な過程であると考えるべきではない。

特定の「汝」が不適切であることの発見は，わたしにとって大きな失望となり得ることは言うまでもない。それはわたしを辛くさせ，落胆させる。以前の信のかたちが消滅すると，それは信じていた者にとっては常に痛みを伴う経験となる。しかしながら同時に，それは新しく，かつ，いっそう成熟した信の形式が生まれる条件でもあり，それが信を生き生きと保つのである。

4. 生命と世界

こうしてわたしたちは三つの基礎概念のうちで第二のもの，すなわち生命（life）に到達する。生命について著述するたいていの哲学者たちとは異なり，わたしたちは生命を絶え間なく同じ方向へ流れる小川や，同一の目的へ方向づけられた飛躍(エラン)，あるいは同一の目的をめざす構成の成果の絶え間ない連続とは見なさない。

現象学的な観点からすると，最初に与えられるものは生命そのものや，同一で一様なものではなく，むしろ生きている存在の多様性，生命の分岐した諸形式，そして生命のさまざまな勢力である。これらの存在にとっては，戦いは万物の父であると言うヘラクレイトスの言葉が妥当するように思われ

第6講義　信の成長

る。生命は生命を奪い取り，生命は生命をむさぼり，生命は生命で養われる。ところがこの言葉は，もっぱら有機体間での生存競争という意味でのみ解釈されるべきではない。精神的な次元では，生のそれと同じ本質的な法則が異なる仕方で現れる。ここで言うその法則とは，生の低度な形式が何らかの仕方で超克されることがなければ，それよりも高度な形式は生じないということである。そしてこれは努力，苦闘，痛み，危機，そして不安なしに生じることはない。それゆえ生のこの段階にとってもまた，闘いにおける創造的な特性というヘラクレイトスの指摘を適用することができる。

　要約すると，生命はそのすべての有限な形式において，構築と破壊，発生と消失，勝利と同時に敗北である，と言うことができる。哲学者はこれらの諸現象を考慮に入れなければならない。哲学者はそれが悲劇であろうとも，ドラマのない生命は考えることもできないと気付くべきである。繰り返すが，このことはこれまで考察してきたように，すべての生の形式に，信の生にでさえ妥当するということは，わたしたちが見てきた通りである。そしてこの考えは「わたしたち」の世界を構成する生活にも同様に当てはまる。

　世　界
　真に信が，上述した現象学的な意味で，人間らしい生活における通常の機能であり，そして「汝」が通常は最初に信じられるものであるように，世界もまた通常は「我」と「汝」の間で交わされる対話によって構成されるものである。というのは，形式的かつ実質的に規定された世界は，わたしたちが見てきたように，わたしが「汝」との対話によって構成する諸々の対象の秩序立った全体に他ならないからである[27]。

4. 生命と世界

しかしながら先に考察した観点からするとこの断定はもっと異なる仕方で表現されなければならない。世界を構成する対話は,具体的な「汝」へのわたしの信頼からその構成する力を引き出す。わたしが「汝」を信頼するがゆえに,この「汝」がわたしとの対話のなかであらわす対象が真実であるとわたしは確信する。これが示していることは,わたしが自分の対話の相手を信頼に値すると見なすかぎりで,その対話は正常な様式で進んでいくということである。

「汝」が信頼に値することを疑い始めるやいなや,ある重要な変化が起きる。フッサールの術語においてこの変化は次のように特徴づけられるかもしれない。その当該の「汝」は「わたしたちの」世界においては主観であったが,それは「わたしの」世界では対象になる,と。マルセルの言葉で表現すると,わたしが談話を交わしていた「汝」は,わたしが語るところの「彼」,「彼女」,あるいは「それ」になる。わたしは誰とそのことについて語り合うのか。もちろんそれは,またもう一人の「汝」とである。というのも,わたしの完全な変化の基礎は,新たな「汝」との出会いのうちに横たわっており,その人はいまや信頼に値しなくなった以前の相手よりも,いっそうの信頼をわたしのなかに喚起するからである。

この問題を第四講義とやや関連する一つの例を用いて説明してみよう。子供の生活で世界の魔法的な説明をもはや信じなくなるような瞬間が訪れる。おばあさんがサンタクロースやファーザー・クリスマス,そしてイースター・バニーについて語ることは,その子にとってはおとぎ話となる。いまや子供は自分の先生の権威と,教師の科学や技術に関する知識が真実であると誓う。おばあさんの権威は失墜し,彼女はも

第6講義 信の成長

はや信頼に値する対話の相手ではない。子供は自分の祖母が迷信的で無学な老婆であると先生に伝える。いまやその子供は事物を科学的に見る初歩的な仕方でもって，自分がもっと幼かった頃に，魔法の力や効力が宇宙を支配していると確信していた頃に信じていた世界とは異なる世界を構成する。

当然のことながら，遅かれ早かれ子供はその教師がすべてを知っているわけではないということ，教師の知識に欠落があり，その科学的な説明が不完全で皮相的であり，そして不十分であることに気付くであろう。しかしこれは，もちろん或るいっそうラディカルな態度の変化の始まりに過ぎないことであろう。子供が十代の後半に専門学校や大学に通い始めると，次のことを理解するようになるだろう。すなわち，知識の体系的な増加が進歩を保証するものではないということ，自然に対するもっと強力な技術的制御が必ずしもさらなる社会的正義を意味しないということ，そして現代の急速な情報の伝達は自動的に世界平和を助長するものではない，と。もはやわたしたちの学生は，科学から救済を求める指導者や教授を信じていない。学生は自分の教授を権威主義的で狭量で，そして老いぼれた風采と見なす。いまや学生は，先輩の学生を信じ，その人の政治的スローガンを信じる。繰り返して言うが，その者は「〔かつての世界とは〕まったく異なる世界」に生きているのである。

この簡潔な説明で次の重要な結論を明らかにするには十分であろう。すなわち，信の諸形式の誕生と消失が，「信じる者」の世界に影響を及ぼしている，と。もしもその者の生活が，「岩のように固い確信」をひっくり返す転回をするなら，その世界もまた異なる特徴を帯びる。かつては諸々の存在の単純で理解可能な複合体であったものが，いまや不明瞭で不

確実，そして曖昧なように思われる。事態はさらに進んでゆき，究極的にはかつてその者にとって現実的であった諸々の存在のすべてを相対化し，それらを「括弧のなかに」入れざるを得なくなるであろう。これをわたしたちは「還元」と呼んだのである[28]。

しかしながらその問題はこれで終わりではない。というのも，危機とは常に移り変わりの状態だからである。新たな対話によって，危機にある人が或る新たな世界を構成する。まったくの不連続など考えられないので，この新たな世界は，古い世界の特性のいくつかを共有するであろうが，その他の点に関しては異なるであろう。

このような仕方で人間の世界は人間自身と共に発達する。そして先に個人に関して述べたことが，人間の集団，国家，そして文明にも妥当する。たとえばより高度な文明は，それよりも低い文明に対して具体的な「汝」の役割を演じることができる。それゆえに対話的現象学の理念は，経験的人間学，発達心理学，社会心理学，そして文化心理学の哲学的基礎として役立つことができる。

5. 我–汝関係におけるダイナミックな視点の重要性

哲学そのものにとっては何か他のことが，つまり，ここでは我–汝関係が完全にダイナミックな仕方で考えられているという事実が重要である。このことは対話の哲学者たちが必ずしも避けることのできなかった誤謬からわたしたちを守っている。彼らは「我」と「汝」という用語を同一の固定された不変な現実の極（pole）に当てはめることによって，一種の唯我論に転落している。彼らは一つの主観の極の代わりに

第6講義　信の成長

そのような二つの極を用いるが、この両極の統一（bi-unity）とそれの対象との間の深淵は橋渡しされないままである。その場合、ブーバーの言葉を使うと、「汝」は一度でも「それ」に成り得るのか、そして反対に、「それ」は「汝」に成り得るのか、あるいはトイニッセンの用語を使うと、どのように「汝」は「変化」し得るのかが謎であり続ける。そのような場合には対話の哲学は社会哲学をまったく排斥し、「二つの頭をもった独我論」となるであろう。発達、生命、変化、闘争、危機、そして刷新を排除せずに包含する哲学的アプローチの重要性がここにある。

汝と世界

対話の哲学者のなかには、「汝」がすべての世間的な現実に対する完全な対応体（counterpart）であるかのように語る者もいるが、彼らの言説はこの問題において明瞭さを欠いている。わたしたちの考えでは、「世界」の多様な観念をいっそう注意深く区別することによって、この問題を明確にすることに寄与することができるであろう。この問への答えは、わたしたちが世界の地平概念や、実質的かつ形式的に規定された世界の地平概念を用いる仕方で異なるかもしれない[29]。前者に関して言うと、我が「汝」に出会うことができるのは、すべての存在を単一全体に結合する普遍的地平においてのみであることは明らかである。わたしたちはまさにこの根源的な結合が「汝」との出会いを可能にすると付け加えてもよいだろう。

「汝」は世界のなかへ入ってくるのではなく、すでに世界のなかにあるとわたしたちは述べた[30]。それが意味することは、消極的には「汝」が世界から分け隔てられた「天

5. 我‐汝関係におけるダイナミックな視点の重要性

空界」（*topos uranios*），または「叡智的世界」（*mundus intelligibilis*）にいるのではないということである。それはプラトンのイデアでも，カントのヌーメノンでも，フッサールのエイドスでもない。「汝」は具象的であり，わたしは実際に「汝」と出会う。わたしが今ここで汝に出会わないならば，わたしが汝に出会うことは決してない。

こうして「汝」は世界のなかにある。しかしこれは，「汝」がわたしにとっての所与であることを決して意味しない。「汝」は，我にとっての実質的かつ形式的に規定された世界を成立させる多くの対象の一つではない。いっそう正確に表現すると，「汝」が完全な姿をとった「汝」である限り，汝はわたしにとっての所与ではない。この所与にはわたしが或る客観化する仕方において，つまり，判断したり，評価したり，望んだりすることによって，方向づけられている。

「汝」はなぜ単純にわたしに対して与えられるものではないのか。前に述べた考察ではわたしたちはそのいくつかの理由を捉えている。「汝」は常に「我」に先立っている。また汝は〔わたしと〕共に構成する（co-constituting）主観であり，構成される対象ではない。さらに汝は自由であるがゆえに完全には対象化できない。今やわたしたちはそれらに第四の理由を付け加えなければならないが，それがすべてのなかでもっとも重要である。つまりわたしは「汝」を信じているのであるから，「汝」はわたしにとっての所与ではない。

いっそう正確に解明しよう。当然のことながら他者もまた，経験から獲られる具体的な所与であるが，他者は「汝」と成り得る。わたしが他者について経験したことは，もはや「与えられ」ないものをわたしが信じることができるようにする跳躍板としてのみ役立っている。換言すると，経験さ

217

第6講義　信の成長

れ得る他者のすべてをわたしは超越し，そうすることによって自分が信じる「汝」の次元に到達することができるのである。

そうすると，「〈汝〉はいかにして現れるのか」という現象学の典型的な問いに対してわたしが与えねばならない答は次のようになる。すなわち，「〈汝〉はわたしに対して現れる。〈汝〉は世界のなかでわたしに対して現れるが，〈汝〉ではない何かによって覆われて現れる」と。わたしは「汝」を見るが，わたしがそれを見るのは類似においてのみである。わたしは精神の超越する運動を通して「汝」の何かを捉えるが，わたしが捉えるものは一つの断片としてのみ，つまり「汝」の一つの様相としてのみそれ自身を顕にする。要するに，「汝」はわたしにとっての所与ではなく課題(タスク)である。わたしは生きている限り「汝」を追い求め，そしてわたしはそれを他者のなかに追い求める。というのも，他者は「暗号」としてわたしに現れるが，わたしが信じて想定するように，その暗号には他者の神秘が綴られているからである。

出会い（encounter）の弁証法が生じるのは，まさにこの根源的な状況からである。もちろん出会いとは二つの主体が互いに偶然「出くわすこと」ではない。ところがそれとは正反対のことも等しく考えることができない。出会いはわたしとは無関係にめぐり合わせを決定する「運命」と考えられてはならない。出会いは弁証法的な特徴をもっている。これはこれまで十分には理解されてこなかった点である。

その弁証法の本性に典型的な図式を示してみよう。わたしたちはそれが次のような特定の諸段階を，つまり「信」や「不信」そして「信じて認めること」という用語によって示されるかもしれない諸段階をふつうに通過するのを見るで

5. 我 - 汝関係におけるダイナミックな視点の重要性

あろう。わたしたちがここで「図式」(schema) という語を強調するのは、心理学的な発達の概要を素描しようとするのではないことを指摘するためである。この図式に入るすべては、ことによると人が「人間生活の歩みに対する形而上学的反省」とも呼び得るものの控えめな見本である。

わたしの出会いの弁証法

最初の「汝」は、わたしが自分自身と共にあるよりも前にわたしと共にある。わたしはいかなる仕方によってもその「汝」を選んだりしない。つまりそれは母親である。

母親は優しい。彼女は自分自身を完全にわたしに捧げている。彼女と共にあることによって、わたしは自分が安全に守られていることを知る。

わたしは母親がわたしにとっての「汝」であると信じないわけにはいかない。彼女はわたしが生きるために、成長するために、そして変化するために必要なすべてのものを与えてくれる。わたしが成長して変化するとき、父親に出会う。父親は大きな世界を知っている。彼は経験と勇気、企業の精神をもっている。彼はわたしのなかに諸々の力を解き放つ。母親はそうではない。彼女にそれはできない。

わたしはもう母親を信じなくなっている。母親は心配性で経験に乏しく、不寛容な女性である。彼女は他の多くの女性がそうであるような女性である。

わたしは父親が「汝」であるという岩のように固い信念をもつ。彼はわたしが生きるために、成長するために、そして変化するために必要なものを何でも与えてくれる。

わたしが成長して変化すると、友に出会う。友は若々しい活力、機知、そして独創性をもっている。友はわたしに新た

第6講義 信の成長

な展望を拓く。友はわたしがそれまでまったく知らなかった知的風景を見させてくれる。父親は友のようではない。父親にそれはできない。父親はすべてのそうした魅力的な新しい物を見る目がない。

　わたしはもう父親を信じていない。父親は時代遅れの権威主義者である。彼は他の多くの男性がそうであるような男性である。

　これがわたしの生涯が辿る道筋である。「汝の」変化とそれぞれの「汝」は，わたしの道のりの中継点である。わたしの人生航路は目標のない怠惰な放浪のように思われる。それでもわたしの旅程は無駄ではない。その旅が長く続けば続くほど，わたしが出会ったすべての「汝」が，わたしが探し求め，探求し続ける唯一の (the)「汝」の何かを確かに映し出しているということをいっそうよく知るのである。これに気付くことは，わたしの多くの過ちから獲た苦い実りである。

　その後，余りに遅くなってからわたしは，母親が優しく，自分自身を捧げ，わたしの不安を取り除いてくれたという事実から，彼女が唯一の「汝」に関する何かを真にわたしに見せたことに気付く。

　その後，余りに遅くなってからわたしは，父親がわたしのなかに諸々の新たな力を引き起こしてくれたという事実から，彼が唯一の「汝」に関する何かを真にわたしに見せたことに気付く。

　その後，余りに遅くなってからわたしは，友がわたしに新たな展望を本当に拓いたときに，その友がわたしにとっての「汝」に関する何かを真に体現していたということに気付く。

　その後，わたしはさらに多くのことを知る。そうするとわたしは，自分による往年の情熱的な肯定が情熱的な否定と同

6. 結　　論

じく無邪気であったことを知る。その時わたしは,「信じる」ことは「素朴な肯定」や「素朴な否定」とは異なること，それに優るものであることを悟る。わたしの若き肯定と否定は，新しいなにか——つまり，信じて認めることをもって終結する。わたしは自分の生活経験のすべてを超越する行為において，すべてのわたしの「汝たち」が，唯一の「汝」へと向かう道の標識にして里程標であったと気付くのである。

6. 結　　論

篤信（faithfulness）

「篤信（とくしん）」という言葉の起源を人間の根本的な態度にもとめることで，わたしたちはおそらく正しいと見なされるであろう。それはあらゆる変化，変革，変形，失望，幻滅，危機にも関わらず，人が他者を信じ続けるということで成り立つ。この意味においてわたしは，唯一の「汝」に誠実であり続ける。わたしはそれを探し求め，わたしが出会った多くの「汝たち」のなかから見出されたもっとも崇高な要素からこの「汝」のイメージを構築しようと試みる。なぜわたしがこの「汝」を探し求めるのか，わたしには分からない。わたしの篤信はわたし自身にとって不可解なままである。それはわたしの実在が有する事実性の一部なのである。

「汝」の実在に関する問い

唯一の「汝」は実在するのだろうか。それは常に実在していたのだろうか。それはあらゆる時代に先立ってわたしを選択し，ひとたびわたしを選択したら，わたしに対して信実であり続けるのだろうか。わたしの不可解な信実は，「汝」の

第6講義　信の成長

信実に対する応答であろうか。わたしの行動を通しての忠実さは，わたしの有限な自由のおかげで可能な精神のもっとも自由な態度であろうか。わたしの有限な自由は唯一の「汝」と出会うように定められているのだろうか。

そうした問いにはなんら科学的な解答は与えられ得ない。また何らかの哲学的な解答も考えられ得ない。信じる者だけが何を語るべきかを知っているのである。

しかし哲学者にとっては，一つのことは確実である。すなわち，次のような問いそのものである。

もし唯一の「汝」が実在しないなら，どうしてわたしはそれを探究し続けるのだろうか。

解　説

1. 現象学との出会い

　本書『対話的現象学の理念』(*The Idea of Dialogal Phenomenology*) は，オーストリア出身のユダヤ系哲学者シュテファン・シュトラッサーによるアメリカ・ペンシルベニア州デュケイン大学での1968年の講義録に加筆と修正が加えられた後に英訳がなされ，著者自身の承認を得てデュケイン大学哲学シリーズ第25巻として出版された。著者シュテファン・シュトラッサーは1905年にウィーンで生まれ，初めに言語学と心理学を学んだ。しかし時代はユダヤ系である彼に母国で学び続けることを許さず，1938年に祖国がナチス・ドイツに併合されると，彼は家族と共にベルギーへ逃れた。その後彼はルーヴェンの「フッサール・アーカイブ」での仕事を得る。そこにはベルギーの聖職者ヴァン・ブレダによってナチスの難を逃れた膨大なエトムント・フッサールの遺稿が保管されており，彼はフッサールの手稿をまとめる作業を行った。これによりシュトラッサーは当時の指導的な思想運動の一つであった現象学と深い関わりをもつようになる。後に彼が著した『心情の現象学』(*Das Gemüt, Grundgedanken zu einer phänomenologischen Philosophie und Theorie des menschlichen Gefühlslebens*, 1956) の英語版（1977年）にフランスの哲学者ポール・リクールが寄せた序文によると，かつてシュトラッサーはフライブルクでフッサールの助手をしていたようではあるが，いわばこのフッサールとの「再会」が彼の研究者として，そして一人の哲学者として

大きな転換点であったに違いない。彼はこれらの仕事を通して現象学の研究者として歩み始め，1947年にはオランダのネイメーヘン大学の教授に就任する。本書の冒頭において，彼がフッサールの「教条主義と共に育った」と表現をしているのはこのような背景によるものである。したがって彼は一連の思想運動としての現象学の系譜においては，フッサールの直接の弟子であったマックス・シェーラーとマルティン・ハイデガー，彼ら二人に続くカール・レーヴィットやモーリス・メルロー＝ポンティの，さらに次の世代の現象学者ということになる。そして現象学の世界で彼の名前が広く知られるようになったのは，1950年から始まったドイツ語版『フッサール全集』(*Husserliana*) の刊行によってであろう。というのも，『デカルト的省察』を収めた「フッサール・アーカイブ」によるこの大仕事の第一巻の編纂者がシュトラッサーその人だったからである。『デカルト的省察』は後期フッサールを代表する著作の一つであるが，この著作のもとになる講演（1929年）はパリ・ソルボンヌ大学のデカルト講堂で行われたため，それは初めにフランス語で出版された（1931年）。晩年のフッサールにとってこれのドイツ語版を出版することが悲願であったが叶わず，その願いは彼の死から10年以上の時を経てシュトラッサーによって成就された。この『全集』第一巻が刊行されるまでの過程については，浜渦辰二訳『デカルト的省察』（岩波文庫）の訳者解説で詳述されているのでそちらを参照されたい。

2.「対話的現象学」という構想

このようにして彼は現象学と出会い，一人の研究者としての仕事を開始した。ところが現象学は，はじめのうちは上述

解　説

した哲学者たちのような多く賛同者を獲たが，フッサールがそれを改造するにつれて次第に痛烈な批判やそこからの離反者を出すようになる。このような動きはシュトラッサーが現象学に従事し始めてからも絶えず繰り返された。とりわけフッサールが『デカルト的省察』の第五省察において提起した問題，すなわち間主観性の問題は多くの場で議論の的にされた。この『対話的現象学の理念』の元となるシュトラッサーの講義がなされたのは1968年である。その当時でさえ，すでにフッサールが「現象学の理念」を宣言してから70年近い月日が流れていたのであるから，それが必ずしも現代の「指導的な」思想潮流を名乗ることができなくなっていたとしてもそれほど不思議ではない。ところが現象学に対して向けられる無遠慮な批判を目の当たりにして，シュトラッサーは現象学を単に過ぎ去った流行としてそれの評論に甘んじることも，あるいはフッサール的「スコラ主義者」として愚直にその言説に付き従うことも拒否する。彼の意図は，或る一点を除いては精巧に設計されているはずの超越論的現象学を批判的に吟味し，補完することによってさらに推し進めることであった。この点については後に詳述するが，彼はフッサールが説いた現象学という「精神(エートス)」に則して，フッサール以後の現象学者たちの言説をも批判することによってそれの新たな可能性を模索する。彼はとりわけメルロー＝ポンティの現象学を肯定的に受容しながら，さらにそこへマルティン・ブーバーが力説した「我–汝」関係による対話的思考を織り込むことによって，「対話的現象学」という彼独自の現象学を構想する。

　それゆえ彼は，フランス語の読者にとってはフッサールの紹介者として，ドイツ語の読者にはメルロー＝ポンティ

解　説

（さらにはレヴィナス）の紹介者として知られている。そして我が国においては『人間科学の理念』（*Phänomenologie und Erfahrungswissenschaft vom Menschen, Grundgedanken zu einem neuen Ideal der Wissenschaftlichkeit*, 1962）の著者として知られているように，「人間科学」という新たな学問領域の提唱者として知られた。この著作において彼は，反哲学的な科学と，反科学的な哲学との間に境界線を引くのではなく，むしろそれらを相互に承認することの必要性を説いた。彼によると現象学的哲学にとって真に重要なことは，科学と「対話する」ことである。それによって初めて科学そのものを理解する道が開け，それの限界を見定めることが可能となる。ここで彼の言う「対話」という行為は，今日の私たちがこの言葉から想起するよりもずっと広い意味で用いられている。リクールはこのような対話的な哲学を展開するシュトラッサーを「境界地帯の歩哨」と呼んでいる。彼はけっしてどちらか一方だけに加担することはない。彼は常に対峙し合う両者に相応な権利を認め，両者に対話を促す。当然のことながらこの対話は，「他者と衝突できない〈汝〉は，その人と本当に話すことはできない」と本書のなかで断言されているように，必ずしも平穏で静かに展開するものではない。続けて彼は，「対立・敵意・衝突は，わたしが〈汝〉に関わり得る方法」の一つであることを認めている。このように，本書において彼は，実際に人間が「汝」である他者と出会うとはいかなる事態であるのかを現象学的に考察する。本書はそれによってフッサールの超越論的現象学が残した間主観性の問題を正面から取り上げ，補完しようとする試みである。そこで彼は第一に，認識論としての超越論的哲学にとっての主要概念である「構成」を問い直す。

3. 対話的構成

本書におけるシュトラッサーの意図は、「現象学運動が眼前する袋小路から抜け出すための道を示す」ことであったと明確に述べられている。上述したように、現象学に対する批判のうちで、もっともそれを窮地に追い込んだものは間主観性の問題であった。フッサール自身が彼の超越論的現象学はこの問題と運命を共にすると断言したほどであるから、それが現象学そのものを棄損させるほどの痛手となっても何ら不思議ではない。シュトラッサーは他の多くの哲学者や研究者が指摘するように、フッサール自身はこの問題の解決に至っていないことを認めている。ところが彼は本書において、そもそもこの問題が前提している原則そのものが妥当であるのかどうかを問う。つまり彼は、超越論的哲学がすべての探求の中心に据える「我」は、それ独自の働きと方向性に従って世界を構成しているのかどうかを問い直す。彼はこの問いに答えるために、ここで始点とされている「我」の実在がいかにして可能であるのかという存在論的な問いから出発する。その際に彼が用いるもっとも重要な概念が「対話的構成」である。デカルト以降、思考する主体であるコギトは究極的に懐疑の対象となり得ないのであれば、それが常に哲学的反省の出発点となることは必然であった。ところがシュトラッサーは、「我」が「我」であるためには、つまり「我」が一つの自我であるということを自覚するためには、それに先立つ「汝」が不可欠であると主張する。我と我ではないなにかが明確に区別されるためには、我とは異なるものがあらかじめ前提されることは当然である。そうすると、我であるわたしにとっての「汝」は、わたしが最初に思考可能なもの (*primum cogitabile*) である。したがってたとえ認識論的

な意味で自我が世界(我にとっての世界)を構成するとしても、それは決して自我がまずもって世界の中心にあり、それだけで行うというのでは決してない。或る自我が他の自我と同じ一つの世界に「わたしたち」という仕方で存在するためには、「わたし」は自分自身に先立ち実在していた「汝」に調子を合わせなければならず、構成もまた、調子を合わせた構成でなければならない。そのためシュトラッサーにとって「構成」とは「無」から存在を生じさせることでも、あるいは無意味なものを有意味にするための単なる意味付与の行為でもない。むしろそれは、或るものがそれを取り巻く皆によって同一のものとして理解されるための「意味の促進」である。このような、我が他者と調子を合わせて行う構成のことを彼は「対話的構成」と呼んでいる。そして普遍的な地平としての世界、他者、そして実質的かつ形式的に規定された世界は、この構成を可能にするための要素であると説かれる。本書の前半部分では、行き詰まりを見せている超越論的現象学が対話的現象学として展開されるべきであることが大いに説得的な議論をもって考察されている。したがって本書は、現象学がフッサールの精神を保ちながらも、それを補完することによって新たな可能性を提示するという意欲的な試みであると言えるだろう。

4. 独白(モノローグ)から対話(ダイアローグ)へ

「対話」(ディアロゴス)の重要性はソクラテス以降、さまざまにその形を変えながらも一貫して認められてきた事実のように思われる。当然のことながら、対話は常に「我」と「汝」の間で交わされる。つまり、対話はいかなる場合においても「語る私」と「語りかける他者」を前提する。このこ

解　説

とは，私が自分自身と語り合うような，反省の形態においても同様である。そして人間が対話をするこの「他者」は，その時代のときどきによって変化してきた。古代の人間にとってもっとも重要な「他者」は自然であり，中世の（とりわけヨーロッパの）人間にとってそれは神であり，そして現代の人間はむしろ自己との対話に専心する傾向があると言えるだろう。このように，人間にとって対話は，そのときどきにもっとも重要だと思われる知識，認識を昇華させ，ときにはそれを支配し，あるいはいっそう深淵な洞察に至ろうとする営みであって，それは決して独白的な思考では到達できない新たな地平を開くことができる。

近現代に注目してみると，産業革命以降の近代化の歩みは，取り巻く世界や社会，あるいは世間から独立した個人としての自己・自我への意識の発展に大きく寄与した。そのような自己の肥大化は，次第に自然や神，そして世界そのものを支配しようとする傾向を露にした。このような独白的で，ことによると独我的でさえある思考様式が科学・技術の急速な進歩と相まって，19世紀末から20世紀前半にかけて，類例のない規模の衝突を生み出した。そしてその火種は21世紀の今日でもなお燻り続けていて，いつ，どこで，いかなる形で再燃するかも知れない危険を孕んでいる。このような時代にあって，真の「対話」とは何か，真の「汝」とは誰か，そしてその汝である他者と対話するとはいかなることかを問い直す必要に迫られていることは言うまでもないだろう。そのためわたしたちは，まずもって人間が自分自身とは異質な他者と共に同じ一つの世界に生きているという事実を再認識しなければならない。今日，異文化理解や多文化共生という言葉が多くの場で用いられるようになってきてはいる

が,「我」と「汝」はいかにして出会うのか, いかにして対話をするのか, そして両者はいかなる関係性をもつのか。このような根底的な問いなしに, 表面的な他者との「接触」をもって「理解」や「共生」を語ることはできない。さらに言うと, シュトラッサーの考えではこれらのことを「我」の視点から, すなわち独白的な思考によって考え始めることをわたしたちは根本的に放棄しなければならない。上述したように, 我が自我であることを自覚するためには我とは異なる他の自我を前提するからである。彼はそのような根源的な事態を,「汝は我に先立つ」という定式で表現する。これは対話の哲学者マルティン・ブーバーの思想を, 現象学的な観点から存在論的に基礎づけようとする試みでもある。シュトラッサーによると「汝は我に先立つ」のであるから, わたしたちは常に世界を対話的に調子を合わせて構成するのであって, そのなかで生きるためには独白的な思考様式ではなく対話的な思考様式によって考えなければならない。

5. ユダヤ思想としての対話的現象学

ドイツ・ユダヤ哲学の研究者, 村岡晋一が『対話の哲学——ドイツ・ユダヤ思想の隠れた系譜』(講談社, 2008 年) で指摘するように, 他者や異他なものを超克するのではなく,「対話」による共存を求める手法はユダヤ人の思想家に特徴的である。本書の著者であるシュトラッサーもまた, このユダヤ的な「対話の哲学者」の一人に数えられて良いであろう。ところがすでに述べたように彼にとっての「対話」は広い意味で用いられており, 人間と人間の出会いのみならず, 一人の人間が人間ではない何らかの「物」と出会うこと, または「世界」と出会うことがいかにして生じるのかま

解　説

でが問われている。マルティン・ブーバーは「我-汝」の関係は、「我-それ」の関係とは根本的に異なることを発見した。しかしながらシュトラッサーにとって事態はそれだけに留まらない。彼の問いはそもそも「我」が「我」となることはいかにして生じるのか、そして「我」にとって「汝」はいかに在るのかという存在論的な次元にまで遡及する。それらの問いに対する答えは、彼が何度も繰り返し主張するように、「汝は我に先立つ」という事実のうちに横たわっている。シュトラッサーが現象学的な考察を通して指摘するこの存在論的な事実から、現代の私たちはいかなる意義を看取できるだろうか。本書が著されてから50年近くの時が流れた今日においてもなお、彼が言う意味での真の「対話」の意義は失われていない。たとえば大国間でのイデオロギーの対立、パレスチナをはじめとする民族間の争い、収束の目途が立たない宗教間での対立、欧州への夥しい難民の流入、そして緊迫した北東アジア情勢や環太平洋諸国の協定など、現代の世界が抱える多岐にわたる根深い対立を鑑みると、真の「対話」の必要性が減ずることはないように思われる。もちろんそれは、わたしという個人と他の個人の間においても同様であろう。それゆえ、真の他者とは何か、他者が我にとっての他者であるとはいかなる事態であるのか、世界の中心であるように思われる我は、いかにして我となるのか、真の「対話」とは何か、という根源的な問いに再び立ち返ることはけっして無意味なことではない。著者が本書の最後に述べているように、我が汝を絶えず追い求めるという事実は、わたしたちが本当に信頼し、語りあうべき唯一の汝がいるという確信を現しているからである。本書は「対話的現象学」という手法によって、わたしたちが相対する二つのものの境界地帯を歩む

解 説

「歩哨」となる術を提示していると言えるのではないだろうか。

訳者あとがき

　本書に収められた6つの原稿はデュケイン大学での講義として語られたものであるため，ここでは綿密な論証を繰り返すというよりもむしろ彼の思想のエッセンスが強く打ち出されていて，読者あるいは受講者としてのわたしたちに身近な事例を使ってそれが解説されている。それぞれの講義には連続性があるが，異なる主題が議論されているため読者は各自の関心事によって途中から本書を読み始めることも可能であろうと思われる。とりわけ第4，第5，第6講義は「自覚」，「自由」，「信」の成長・増大が現象学的に考察されていて，客観的思考，子供の発達，親子・師弟・友人同士の信頼関係や宗教的な信仰など，さまざまな切り口から「対話」が論じられている。ここでの議論はそれが著された年代のことを勘案すると，今日の心理学等，最新の研究によってすべてが裏付けられるわけではないかもしれない。それでもそれらは現象学という手法を用いてこうした与件を考察するモデルを見事に提示しているため，今日の多方面からの読者にとって有意義なものであろうと思われる。

　ところで，本書と訳者の出会いは，訳者の大学院時代からの恩師である金子晴勇先生の著書『現代ヨーロッパの人間学——精神と生命の問題をめぐって』（知泉書館，2010年）のなかでその思想的意義が紹介されているのを拝読したことであった。そしてさらに遡ると，金子先生は『対話的思考』（創文社，1976年）において，本書を含む対話の哲学に関して包括的な議論を展開されており，そのあとがきでは次のよ

訳者あとがき

うに述べられている。「対話は技術の問題ではなく，人間の問題であり，対話を要求している人間自身が非対話的であるような現状こそ今日の重大な問題なのである」と。この著作は今から40年以上前に著されたものであるが，ここで指摘されている問題は，ますますその深刻さを増しているように思われる。本来わたしたち人間は対話的に思考し，対話的に世界を構築しているにもかかわらず，独白的(モノローグ)に振舞おうとする傾向がある。これら二つの研究書はそうした事実を的確に指摘しており，訳者はその問題提起を受けて，わが国ではまだ著作が1冊しか翻訳されておらず，それほど良く知られていないシュトラッサーの優れた思想をひろく身近なものにしたいと考えるようになった。本書で繰り返し語られている「汝は我に先立つ」という彼の考え方が，わたしたちが対話的(ダイアローグ)に考え，行動するための一助となり得るのであれば，訳者として幸甚の至りである。

　本訳書は上述した金子先生による二つの研究書に負うところが大きい。そして，もちろんすべては訳者一人に責任があるが，先生は訳者による拙い訳文全体に目を通して下さり，丁寧なご教示をくださった。そして本書でのフッサールをはじめ，ブーバー，メルロー＝ポンティ等，多くの思想家からの引用文の訳出に際しては，以下に挙げる優れた各邦訳書を参照させて頂いた。それらすべての長年にわたる先達の偉業に感謝したい。しかしながら本書はアメリカの大学で行われた講義録であるという性格上，ドイツ語やフランス語で著されているそれらの原典からの直接的な訳文では必ずしも文脈にふさわしいものとはならなかった。そのため一貫性を欠いていることは認めながらも，なるべく文意に沿うように，英訳文と原書のどちらをも参照しつつ訳出を行い，逐語的な正

確さよりも読みやすいものとなるように心がけた。また，現象学の術語に関しては故・木田元先生を中心に編集された『現象学辞典』（弘文堂，1994年）を参照し，できるだけそれに倣うようにした。最後に，本書を出版するにあたっては厳しい時世でありながら，知泉書館の小山光夫社長にご尽力頂いた。感謝の意を表したい。そして日ごろ訳者を支えてくれている家族にも，この機会に改めて感謝を述べたい。

　　2017 年 3 月 21 日

齊　藤　　伸

参考邦訳書

〈フッサール〉

『イデーン』（全 5 冊）渡辺二郎ほか訳，みすず書房，1979-2010 年

『経験と判断』L. ランドグレーベ編，長谷川宏訳，河出書房新社，1975 年

『形式論理学と超越論的論理学』立松弘孝訳，みすず書房，2015 年

『デカルト的省察』浜渦辰二訳，岩波文庫，2001 年

『内的時間意識の現象学』立松弘孝訳，みすず書房，1967 年

『論理学研究』（全 4 冊）立松弘孝・松井良和ほか訳，みすず書房，1968-76 年

『ヨーロッパ諸学の危機と超越論的現象学』細谷恒夫・木田元訳，中公文庫，1995 年

訳者あとがき

　カント『実践理性批判・倫理の形而上学の基礎づけ』熊野純彦訳，作品社，2013 年

　シェーラー『同情の本質と諸形式』青木茂・小林茂訳，飯島宗享・小倉志祥・吉沢伝三郎編〈シェーラー著作集 8〉白水社，1977 年

　ハイデガー『存在と時間』（全 4 冊）熊野純彦訳，岩波文庫，2013 年

　ブーバー『対話的原理 1』田口義弘訳〈ブーバー著作集 1〉みすず書房，1967 年

　プレスナー『笑いと泣きの人間学』滝浦静雄・小池稔・安西和博訳，紀伊国屋書店，1984 年

　ヘーゲル『精神現象学』長谷川宏訳，作品社，1998 年

　メルロー＝ポンティ『知覚の現象学』（全 2 冊）竹内芳郎・木田元・宮本忠雄ほか訳，みすず書房，1974 年

注

はしがき
1) *Wesen und Formen der Sympathie*, Frankfurt, 1948.
2) *Die apriorischen Grundlagen des bürgerlichen Rechtes*, Halle, 1913.
3) *In Geschichten verstrickt*, Hamburg, 1953; Philosophie der Geschichten, Leer, 1959.
4) *Sein und Zeit*, Tübingen, 1953.
5) *Das Individuum in der Rolle des Mitmenschen*, Darmstadt, 1962.
6) *L'être et le néant*, Paris, 1950.
7) *Phénoménologie de la perception*, Paris, 1945.
8) "Sympathie et respect," *Revue de métaphysique et de morale*, 1954, pp. 380-397.
9) *L'essence de la Société selon Husserl*, Paris, 1962.
10) *Collected papers*, Den Haag, 1964.
11) *Der Andere,* Berlin, 1965.
12) *De transcendentale vreemdeling*, Hilversum, 1965.
13) *Cart. Medit.*, S. 121-122.

第1講義 意識の現象学的考察
1) *Die Idee der Phänomenologie*, Den Haag, 1950.
2) Cf. H. Spiegelberg, *The Phenomenological Movement*, Den Haag, 1965.
3) "Phenomenologies and Psychologies," *Review of Existential Psychology and Psychiatry*, vol.5 (1965), pp. 80-105.
4) *Philosophische Studien* XIII, S. 345.
5) *Cart. Medit.*, S. 166.
6) Ibid., S. 177.
7) *Ideen* III, S. 141.
8) *Vocabulaire technique et critique de la philosophie*, Paris, 1956, p. 1019.
9) *Philosophie* 3, Metaphysik, Berlin, 1932, S. 135.

10) *Ideen* I, S. 101.
11) ここでわたしたちはハイデガーを『存在と時間』の著者としてのみ扱う。
12) *Ideen* I, S. 13 f.
13) *Ideen* I, S. 44.
14) *Ideen* I, S. 260.
15) *Logische Untersuchungen*, II/I, S. 362.
16) Ibid., S. 335.
17) *Die Krisis der europäischen Wissenschaften...*, S. 156.
18) *Die reine Phänomenologie, ihr Forschungsgebiet und ihre Methode*, Manuscript F I 13, 1917. Cf. *Cart. Medit.*, S. 36. *Ideen* I, S. 172.
19) このような素描をフッサールの *Cart. Medit.*, §15, S. 72-73. と比較せよ。
20) フッサールは「弁証法」という言葉を用いはしなかったが、彼が弁証法的思考の本質に精通していたことは事実である。他の主要な現象学者たちもまたそれと無縁ではない。ここではハイデガーの『存在と時間』(S. 28-30) における「本当の現象」と「単なる現れ」、メルロ゠ポンティの『知覚の現象学』の数章における議論が弁証法的構造をもっていること、そしてサルトルの『存在と無』での主要概念がヘーゲルを想起させるという点に言及すれば十分であろう。さらに言うと、メルロ゠ポンティがヘーゲルやキルケゴール、そしてマルクスを現象学の先駆者と見なしていること (*Phénoménologie de la Perception*) と、ドゥ・ヴァーレンが広範囲にわたってフッサールとヘーゲルを比較していること (*Existence et signification*) は偶然の一致ではない。
21) Cf. S. Strasser, "Intuition und Dialektik in der Philosophie Edmund Husserls," *Edmund Husserl, 1859-1959*, Den Haag, 1959, S. 148-153.
22) *Cart. Medit.*, §15, S. 72.
23) Ibid.
24) Cf. Marvin Faber, *The Foundation of Phenomenology. Edmund Husserl and the Quest for a Rigorous Science of Philosophy*, Cambridge, Mass., 1943.
25) *Phénoménologie et vérité,* Paris, 1953.
26) *Cart. Medit.*, S. 57.
27) *Hauptstücke aus der Phänomenologie der Vernunft*, Manuscript F I

13 of 1907.
28) *Phänomenologie des Geistes*, hrsg. von Lasson, S. 74, 87.
29) *Ideen* I, S. 203, 204.
30) *Log. Unters.*, II/1, S. 40.
31) Cf. Th. de Boer, *De ontwikkeling in het denken van Husserl*, Assen, 1966.
32) *Ideen*, I, S. 77, 82.
33) Ibid., S. 80.
34) Ibid., S. 81, 204.
35) *L'être et le néant*, pp. 37-113.
36) "L' idée phénoménologique d'intentionnalité," *Husserl et la penée moderne*, Den Haag, 1959, pp. 115-142.
37) Ibid., pp. 119, 133.
38) Ibid.
39) *Ideen* I, S. 117.
40) De Waelhens, op.cit., pp. 121, 135.
41) *Cart. Medit.*, S. 170.
42) Ibid., S. 113.
43) *Der Formalismus*…, 1927, S. 163 ff. Cf. Manfred S. Frings, *Max Scheler*, Pittsburgh, 1965, pp. 70f.
44) *L'être et le néant,* passim.
45) *Cart Medit.*, S. 87-91.
46) Ibid., S. 87. Cf. *Ideen* I, S. 177 ff.
47) *Ideen* I, S. 84.
48) *Ideen* II, S. 56.
49) H. Remplein, *Die seelische Entwicklung des Menschen im Kindes- und Jungendalter,*, München, 1966, S. 191.
50) *Ideen* II, S. 68fや、その他多くの未発表の原稿を参照されたい。
51) Cf. H.C. Rümke, *Ontwikkelingspsychologie en psychotherapie*, Amsterdam, p. 10; *Levenstijdperken van de man*, Amsterdam, 1967, p. 25.
52) Cf. Ibid.
53) *Ideen* II, S. 63.
54) Ibid., S. 70.
55) *Ideen* I, S. 104.
56) Cf. e.g., *Zur Phänomenologie des inneren Zeitbewusztseins*, S. 68,

注

119; *Passive Synthesis*, Beilage VIII, S. 365-382.
57) Cf. *"Dingvorlesung."*
58) "Die phänomenologische Philosophie Edmund Husserls in der gegenwärtigen Kritik," *Kantstudien*, Bd. 38 (1933), S. 329-383.
59) 世界の概念については続く講義を参照されたい。

第2講義　フッサールの哲学における「世界」の概念

1) *Erste Philosophie* II, S. 71.
2) *Phénoménologie de la perception*, p. 520.
3) *L'être et le néant*, p. 38.
4) *Das Individuum in der Rolle des Mitmenschen*, Darmstadt, 1962.
5) *Grundformen und Erkenntnis menschlichen Daseins,* München, 1962, S. 71.
6) Cf. above, p. 22.（本書 36 頁）
7) *Formale und transzendentale Logik*, S. 134.
8) *Erfahrung und Urteil*, S. 157.
9) *Ideen* I, S.59
10) *Erste Philosophie* II, S. 151.
11) Manuscript A VII 20, quoted by Alvin Diemer, *Edmund Husserl*, Meisenheim a.L., 1956, S. 195.
12) *Erste Philosophie* II, S. 151.
13) Ibid.
14) Cf. *Die Stellung des Menschen in Kosmos*, München, 1949, S. 39-41.; *Philosophische Weltanschauung*, Bern, 1954, Dalp Series 301, S. 29-31.
15) *Phänom. Psychologie*, Beilage XXVII, S. 496 ff.
16) Ibid., S. 498 f.
17) *Cart. Medit.,* S. 57.
18) *Phänom. Psychologie*, S. 496.
19) *Ideen* I, S. 59.
20) *Erfahrung und Urteil,* S. 30.
21) *Studien zur Phänomenologie, 1930-1939,* Den Haag, 1966, S. 9.
22) *Der Weg der Phänomenologie*, Gütersloh, 1963, S. 54.
23) *De Transcendentaal Phaenomenologische Reductive in Husserls laatste periode (1920-1938)*, manuscript, Louvain, 1941, p. 12.
24) *Ideen* I, S. 63.

注

25) Cf. *Erfahrung und Urteil*, S. 23-26.
26) Cf. ibid., S. 28.
27) Cf. *Ideen* I, S. 58.
28) *Die Krisis*…, S. 324.
29) Cf. *Sein und Zeit*, S. 83.
30) Cf. *Erfahrung und Urteil*, S. 257.
31) *Ideen* I. S. 58.
32) Ibid., S. 160.
33) *Erste Philosophie* II, S. 163.
34) *Erfahrung und Urteil*, S. 33.
35) *Erste Philosophie* II, Beilage XXVII, S. 467.
36) *Erfahrung und Urteil*, S. 157.
37) Cf. Hegel, *Wissenschaft der Logik*, Leipzig, 1932, Bd. I S. 110ff. ; *System der Philosophie*, Jubiläumausgabe, Stuttgart, 1963, Bd. VIII, S. 245 ff.
38) *Formale und transzendentale Logik*, S. 176.
39) *Erfahrung und Urteil*, S. 26.
40) *Formale und transzendentale Logik*, S. 208.
41) Ibid., S. 194.
42) 以下の素描はただそれらの方向性を示そうとするだけであり,完全であると主張するものではない。
43) *Metaphysica*, par. 354.
44) *Theodicee*, II, par. 414-416.
45) *Kritik der reinen Vernunft*, zweites Buch, 2.
46) *Prolegomena*..., par. 56.
47) *Der Weltbegriff in der neuzeitlichen Philosophie*, Heidelberg, 1960, S. 22.
48) Cf. *Cart. Medit*., S. 167.
49) Cf. Ibid., S. 165.
50) Cf. above, p. 34.（本書 55 頁）
51) *La philosophie et les expériences naturelles*, Den Haag, 1961, pp. 119-121.
52) Cf. Eugen Fink, *Studien zur Phänomenologie*; Ludwig Landgrebe, *Der Weg der Phänomenologie*, Gütersloh, 1967; G. Berger, *Le cogito dans la philosophie de Husserl*, Paris, 1941; H.L. Van Breda, 巻末注 23 を参照 ; M. Faber, *The Foundation of Phenomenology*, Cambridge,

注

Mass., 1943; E. Levinas, *En découvrant l'existence avec Husserl et Heidegger*, Paris, 1947; A de Waelhens, *Phénoménologie et vérité*, Paris, 1953; A Gurwitsch, *Field of Consciousness*, Pittsburgh, 1964; R. Boehm, "Husserl et l'idéalisme classique," *Revue philosophique de Louvain*, 57 (1959), pp.351-396; Boehm, "Les ambiguïtés des concepts husserliens d' 'immanence' et de 'transcendance', ibid. 59 (1959), pp.481-526; I. Kern, *Husserl und Kant*, Den Haag, 1964; A Schuz, *Collected Papers*, 2 vols., Den Haag, 1966; G. Funke, *Zur transzendentalen Phänomenologie*, Bonn, 1957; Funke, *Phänomenologie-Metaphysik oder Methode*, Bonn, 1966; Th. De Boer, *De ontwikkelingsgang in het denken van Husserl*, Assen, 1966.

53) *Zur Phänomenologie des inneren Zeitbewusztseins*, S. 83.
54) Ibid., S. 96.
55) *Phänomenologische Psychologie,* Beilage XXI, S. 533.
56) *Cart Medit.*, S. 16.
57) Ibid., S. 107.
58) *Erste Phil osophie* II, S. 86.
59) *Zur Phänomenologie des I nneren Zeitbewusztseins*, S. 47.
60) *Erste Philosophie* II, S. 90.
61) *Cart. Medit.*, S. 55.
62) See above, pp. 36 f.（本書 57 頁以下）
63) See above, p. 38.（本書 62 頁）
64) *Cart Medit.*, S. 57.
65) *Erste Philosophie* II, Beilage XIII, S. 397.
66) *Cart Medit.*, S. 56.
67) Stenographic manuscript B I 13/II; S. 13.
68) Stenographic manuscript B I 5/IX, S. 27, quoted by Gerd Brand, *Welt, Ich und Zeit*, Den Haag, 1955, S. 32.
69) Cf. Sartre, *L'être et le néant*, pp. 361-363.

第 3 講義　世界の現象学から対話的現象学へ
1) *Ideen* II, *passim*.
2) *Cart Medit.*, S. 91.
3) *Phänomenologische Psychologie*, S. 103.
4) Ibid., S. 103-118.
5) *Die Krisis*…, S. 142.

注

6) *Phänomenologie —Metaphysik oder Methode,* Bonn, 1966, S. 191.
7) *Sein und Zeit,* S. 85.
8) ことによると異なる方法を用いることによってア・プリオリな妥当性や完全性を知ることなしに，世界の理想的な類型を素描することが可能であるかもしれない。
9) フッサールは世界構造の多元性に関して盲目的ではなかったという印象を受けるであろう。或る未発表の原稿のなかで，彼は次のように述べている。「人間がその中で……生きる……世界の〈形式〉は，或る個別的な形式である。この世界に属しているすべての人間が，つまり，〈わたしたち〉として同じ共同体に属しているすべての人は，同一の——そして必然的に同一の——個別的形式を叙述する。或る中国人が，その共同体に属していないならば，それとは他の形式を叙述する」。Manuscript A V 5, 1930, S. 96, quoted by R. Toulemont, "La spécificité du social d' après Husserl," *Cahiers internationaux de Sociologie,* 24 (1958), p. 147.
10) 生活世界の生に関する問題は，拙著 *Phenomenology and the Human Science,* Pittsburgh, 1965, pp. 70-71. を参照されたい。
11) 小詞「in」の意味に関してはハイデガーの『存在と時間』においていくつかの価値ある示唆が与えられている。
12) Cf. *Ideen* I, S. 61.
13) Cf. *De Vrouw,* Utrecht, 1961, P. 94.
14) Cf. above, pp. 37 ff.（本書 60 頁以下）
15) Cf. above, pp. 19 ff.（本書 32 頁以下）
16) Cf. above, pp. 38 ff.（本書 62 頁以下）
17) *Ethica* III, prop. 6.
18) *Sein und Zeit,* S. 187.
19) Ibid., S. 87.
20) *Zur Phänomenologie des inneren Zeitbewusztseins,* S. 75.
21) "Ich und Du,*" Schriften zur Philosophie, Werke,* I, München, 1962, S. 88.
22) Ibid., S. 82, 85, 88, 129, 163. また時にブーバーは「相関関係」（*Mutualität*）にも言及している。
23) "Reden über Erziehung,"*Werke,* I, S. 806.
24) Ibid., S. 791.
25) *Sein, Wahrheit, Welt,* Den Haag, 1958, S. 102.
26) *Phänomenologie des Geistes,* Leipzig, 1921, S. 92.

注

27) わたしたちはこの暫定的な叙述に再び戻ってくるつもりである。Cf. p. 118 (本書 196 頁)
28) *Ideen* I, S. 256.
29) "The problem of Transcendental Intersubjectivity," *collected Papers*, vol. 3, pp. 51-83.
30) *La réciprocité des consciences*, Paris, 1942.
31) *Phénoménologie de la perception* における Le Cogito の章を見よ。pp. 423-468.
32) Cf. above, p. 49, footnote 9. (本書 243 頁)
33) Cf. above, pp. 17 ff., 21 f. (本書 29 頁, 35 頁)
34) メルロ＝ポンティにおける「身体的主体」という概念に関しては、レミー・C・クワントの『メルロ＝ポンティの現象学的哲学』(*The Phenomenological Philosophy of Merlean-Ponty*, Pittsburgh, 1963, pp. 11 ff.) を見よ。
35) たとえばカール・レーヴィットの *Das Individuum in der Rolls des Mitmenschen*, Darmstadt, 1962. ミヒャエル・トイニッセンの *Der Andere*, Berlin, 1965. を見よ。
36) Cf. above p. 45 (本書 73 頁); below p. 102 ff. (本書 170 頁)
37) この表現はわたしたちの惜しまれる同僚 J.A. Peters に負っている。
38) たとえば F. ボイテンディクの *Algemene theorie der menselijke hounding en beweging*, Utrecht, 1957. を参照。
39) わたしたちの業績である『現象学と人間科学』における「日常世界の客観性」の章を見よ。*Phenomenology and the Human Science*, Pittsburgh, 1963, pp. 65-87.
40) "Les concepts opératoires dans la phénoménologie de Husserl," *Husserl*, Cahiers de Royaumont, Philosophie, III, Paris, 1959, pp. 214-240.

第4講義　自覚の成長

*) ここではあえて「意識」(consciousness) よりも「自覚」(awareness) という用語を使いたい。なぜなら深く根を下ろした偏見が、明瞭な自己の意識を多かれ少なかれ意識という観念に結びつけてしまうからである。

1) *An Examination of Sir William Hamilton's Philosophy*, London, 1889, pp. 243 f.

注

2) *Der menschliche Weltbegriff*, Leipzig, 1912.
3) "Das Wissen von fremden Ichen,"*Psychologische Untersuchungen* I, Leipzig, 1907, S. 94-222.
4) *Cart. Medit.*, S. 121-177.
5) *Wesen und Formen der Sympathie*, Frankfurt, 1948.
6) *L'être et le néant*, pp. 275-367.
7) "Knowledge of other Minds,"*Essays in Philosophical Psychology*, New York, 1964, pp. 365-376.
8) "One's Knowledge of Other Minds,"ibid., pp. 346-364.
9) *Phénoménologie de la perception*, とりわけ「他者と人間的世界」の章 pp. 398-421. を参照せよ。
10) Ibid., p. 405.
11) Cf. *Cart. Medit.*, S. 138-149; *Phénoménologie de la perception,* pp. 409, 415.
12) *Phénoménologie de la perception*, p. 407.
13) Ibid., p. 37.
14) *De l'interprétation*, Paris, 1965, pp. 407 ff.
15) Cf. above, p. 17.（本書 28 頁）
16) *Philosophie de la volonté*, Paris, pp. 407 ff.
17) *La philosophie et les expériences naturelles*, Den Haag, 1961, p. 2.
18) Cf. above, pp. 66 f.（本書 110 頁）
19) *Werke*, I, S. 94 f.
20) *Die seelische Entwicklung des Menschen im Kindes- und Jugendalter*, München, 1966, S. 126-155. 以下，*Entwicklung* と略記する。
21) *The Psychological Development of the Child*, Englewood Cliffs,1964, pp. 19, 32. 以下，*Child* と略記する。
22) *Zuigeling and Kleuter*, Haarlem, p. 27. 以下，*Zuigeling* と略記する。
23) *A Genetic Field Theory of Ego Formation*, New York, 1959, p. 15. 以下，*Genetic Field* と略記する。
24) *Child*, p. 66.
25) *Zuigeling*, p. 44. また，*Entwicklung*, S. 147, 183 も参照。
26) H.S. Liddell, "Conditioning and Emotion,"*Twentieth Century Bestiary*, New York, 1955, pp. 189-208.
27) *Entwicklung*, S. 183.

注

28) "Die Entwicklung der Erkenntnisprozesse," *Entwicklungspsychologie*, Göttingen, 1959, S. 422.
29) *Entwicklung*, S. 156.
30) *Die Entwicklung des kindlichen Weltbildes*, München, 1965, S. 148. 以下, *Weltbildes* と略記する。
31) *Zuigeling*, p. 46.
32) *Genetic Field...*, p. 18.
33) *Child*, pp. 68 ff.
34) *Comparative Psychology of Mental Development*, Chicago, 1948, pp. 67 ff. 以下, *Comparative* と略記する。
35) Ibid., pp. 59 ff.
36) *Entwicklung*, S. 185.
37) *Lachen und Weinen*, Bern, 1950, S. 173.
38) わたしたちはすでにこれに先立つ著作, *Das Gemüt*, Freiburg, 1956, S. 128-141 において,「前 - 志向的次元」という概念を心理学の理論に導入することの必要性を強調してきている。
39) *Zuigeling*, p. 46.
40) *Nein und Ja. Die Ursprünge der menschlichen Kommunikation*, Stuttgart, 1957, S. 54 f. 以下, *Nein und Ja* と略記する。
スピッツが「愛欲の対象とするもの」(the libidinous object) という心理分析の用語によって呼んでいるものを, わたしたちは「仲間の主観」(fellow subject) として特徴づけた。
41) *Entwicklung*, S. 184.
42) Ibid., S. 215.
43) *Wesen und Formen der Sympathie*, S. 11.
44) *Weltbildes*, S. 39.
45) *Zuigeling*, S. 51.
46) "The course of Health Personality Development," *The Adolescent-A book of Readings,* New York, 1960, p. 219.
47) *Child*, p. 67.
48) *Les relations entre l'affectivité et l'intelligence dans le développement mental de l'enfant*, Paris, 1954, p. 5. 以下, *Les relations* と略記する。
49) Cf. R.S. Peters, "Emotions, Passivity and the Place of Freud's Theory in Psychology," *Scientific Psychology*, New York, 1965, pp. 365-383.

注

50) Cf. Martin Buber, "Urdistanz und Beziehung,"*Werke* I, S. 411-423.
51) *L'emotion*, Paris, 1938.
52) Cf. *Les relations*, p. 10.
53) Der Geist als Wiedersacher der Seele, 1929-32.
54) "Ich und Du,"*Werke* I, S. 89.（『ブーバー著作集1』「対話的原理」田口義弘訳, みすず書房, 1967年, 25頁）
55) Cf. above, p. 61.（本書101頁）
56) *Entwicklung*, S. 222.
57) L.J. Stone and J. Church, *Children and Adolescence*, New York, 1957, p. 84. 以下, *Childhood*と略記する。
58) See above, p. 66.（本書110頁）
59) *Das Spiel von Mensch und Tier,* Berlin, 1933; "Het voetballen," *Tijdschrift voor philosophie*, 13 (1951), pp. 391-417.
60) Cf. F. Haigis, "Das Spiel als Begegnung,"*Zeitschrift für Psychologie*, 150 (1951), S. 127 ff.
61) *Comparative*…, pp. 68 f.
62) Ibid., p. 172. また, *Childhood*, p. 88も参照。
63) Ibid., p. 185.
64) *Entwicklung*, S. 223.
65) *Childhood*, p. 88.
66) Cf. *La structure du comportement*, Paris, 1960, pp. 113 ff.
67) Cf. Remplein, *Entwicklung*, S. 203.
68) Entwicklung, S. 205. Cf. V. Rüfner, *Die Entfaltung des Seelischen*, Bamberg, 1949, S. 123-131.
69) *Childhood*, p. 120.
70) *Phenomenology and the Human Science*, pp. 88-97.
71) *Childhood*, p. 120.
72) Ibid., p. 112.
73) *Nein und Ja*, S. 74-85.
74) *Entwicklung*, S. 244.
75) Cf. W. Neuhaus, *Der Aufbau der geistigen Welt des Kindes*, München, 1955.
76) *Le jugement et la raisonnement chez l'enfant*, pp. 176, 191; *La representation du monde chez l'enfant*, Paris, 1947, p. 68.
77) Der Andere, S. 85 ff.
78) Cf. above, pp. 64 f.（本書107頁）

注

79) *Phénoménologie de la perception*, p. 408.
80) *Entwicklung*, S. 428.
81) *De jongen. De psychologie van de jongen van de laatste schooljaren tot aan de volwassen leeftijd*, Heemstede, 1953.
82) *Psychologie des Jungendalters*, Heidelberg, 1953, S. 34 f.
83) *Childhood*, p. 270.

第5講義　自由の増大

1) *Actes du 4e congrès des sociétés de philosophie de langue française*, Neuchâtel, 1949, p. 83.
2) *Cart. Medit.*, S. 56.
3) *Philosophie*, II, *Existenzerhellung*, Berlin, 1932, S. 182.
4) Cf. above, pp. 64 f.（本書106頁）
5) *Phénoménologie de la perception*, p. 448.
6) *Umrisz pädagogischer Vorlesungen*, par. 3.
7) *Bildsamkeit und Freiheit*, Düsseldorf, 1959.
8) *Meditationes de prima philosophia*, IV, Paris, 1952, p. 305.
9) *Grundlegung zur Metaphysik der Sitten*, Reklam, S. 95.（『実践理性批判・倫理の形而上学の基礎づけ』熊野純彦訳，作品社，2013年，189頁参照）
10) *Werke*, Jubiläumausgabe X, S. 44.
11) *Existenzerhellung*, S. 192, 194.
12) *Der Einzige und sein Eigentum*, Reklam, S. 192.
13) *L'existentialisme est un humanisme*, Paris, 1954, pp. 22 ff.
14) *L'être et le néant*, pp. 513, 519.
15) *L'existentialisme est un humanisme*, p. 47.
16) Ibid., pp. 25-27.『存在と無』においてサルトルが他我に関する異なる哲学を発展させたことは事実である。この著作によれば，自我と他我の間での唯一可能な関係は，相互的な「無化」である。
17) *L'être et le néant*, pp. 147 ff.
18) "Zwiesprache„ *Das dialogische Prinzip*, Heidelberg, 1962, S. 171.（『ブーバー著作集1』227頁）
19) *Phänomenologie des Geistes*, S. 123-131.
20) *L'être et le néant*, p. 483.
21) *Signification humanine de la liberté*, Paris, 1962.
22) *Lachen und Weinen*, Bern, 1950, S. 11.（ヘルムート・プレスナー

注

『笑いと泣きの人間学』滝浦静雄・小池稔・安西和博訳, 紀伊国屋書店, 1984 年, 15 頁)
23) Cf. Jean E. Itard, *De l'éducation d'un homme sauvage*, 1801; *Die Wolfskinder von Midnapore*, mit einem Geleitwort von Adolf Portmann, Heidelberg, 1964.
24) *Das dialogische Prinzip*, S. 15.（『ブーバー著作集 1』17 頁）
25) Cf. above, pp. 29 ff.（本書 47 頁参照）
26) *Phenomenology and the Human Sciences*, Pittsburgh, 1963.

第 6 講義　信の成長

1) *Das Wort und die geistigen Realitäten*, Regensburg, 1921.
2) *Grundformen und Erkenntnis menschlichen Daseins*, München, 1952.
3) *Ich und Du.*
4) *Grundformen*…, S. 21.
5) Ibid., S. 79.
6) Ibid., S. 230.
7) Ibid., S. 154.
8) Ibid., S. 167.
9) Ibid., S. 220.
10) Ibid., S. 267.
11) Ibid., S. 154.
12) Ibid., S. 157.
13) *Der Andere*, S. 484.
13a) *Die Krisis*…, S. 335 f を参照。
14) Cf. above, p. 68.（本書 113 頁）
15) *Sämtliche Werke*, I, S. 653.
16) Ibid., S. 653.
17) Ibid., S. 654.
18) Ibid., S. 654-786.
19) Ibid., S. 655.
20) Ibid., S. 782.
21) *Ich und Du*, S. 83.（『ブーバー著作集 1』14 頁）
22) Cf. above, pp. 107 f.（本書 178 頁以下参照）
23) Cf. above, pp. 91 ff.（本書 152 頁以下参照）
24) Cf. above, pp. 123 f.（本書 205 頁以下参照）

注

25) *Philosophie* III, *Metaphysik*, Berlin, 1932, S. 131.
26) *Geborgenheit und Entwurzelung des jungen Menschen*, Ratingen, 1955, S. 28.
27) Cf. above, pp. 65 ff.（本書 108 頁参照）
28) Cf. above, p. 96.（本書 160 頁参照）
29) Cf. above, pp. 24 ff.（本書 39 頁参照）
30) Cf. above, pp. 51 f.（本書 83 頁参照）

人　名　索　引

アヴェロエス　89
アウグスティヌス　142
アクィナス　128
アリストテレス　127, 132
ヴァン・ブレダ　43, 223
ヴェイユ　192
ウェルナー　137, 138, 148, 152
ヴント　5
エープナー　191, 192, 195
エリクソン　142
カロン　162
カント　8, 54-56, 117, 120, 128, 177, 185, 217, 235
ギュスドルフ　183, 184
キリスト　56, 57, 176, 178, 197-99, 201
クラーゲス　148
クルーゲ　77
クワント　244
コールス　132, 133, 135, 140, 142
サルトル　ix, 4, 11, 22, 24, 38, 39, 89, 90, 96, 115, 163, 178-82, 186, 238, 248
シェーラー　ix, 4, 6, 11, 24, 39, 41, 89, 115, 116, 126, 141, 224, 236

シュッツ　x, 103
シュティルナー　178
シュテルン　152
シュプランガー　162
シラー　185
ストーンとチャーチ　133, 149, 153, 155, 157, 163
スピッツ　132, 135, 141, 142, 157, 246
スピノザ　85
セルバンテス　16
ディルタイ　85
デカルト　18, 19, 32, 37, 67, 71, 77, 97, 99, 102, 117, 119-21, 163, 165, 177, 179, 224, 225, 227, 235
トイニッセン　x, 159, 194, 201, 216, 244
ドゥ・ヴァーレン　18, 22, 61, 62, 85, 110, 128, 166, 238
ドジャン　145
ムッセン　131, 133, 137, 142
ネドンセル　103
ハイデガー　ix, 4, 11, 24, 39, 46, 78, 87, 100, 102, 193, 224, 236, 238, 243
バウムガルテン　54

人名索引

パウロ 201
バーダー 194
ハーロウ 136-38
ハンセン 135, 141
ピアジェ 143, 147, 158
ヒューム 101, 196
ビンスワンガー 38, 192-95
ブーゼマン 210
ブーバー 90-92, 107, 130, 148, 180, 186, 192, 195, 198-201, 204, 205, 216, 225, 230, 231, 234, 236, 243, 247, 249, 250
フィヒテ 14
フィンク 36, 43, 92, 95, 111
フッサール 3-22, 24, 25, 27, 30-32, 36-48, 50-54, 56, 57, 66-68, 70-72, 75-78, 81, 88, 89, 96-99, 102, 103, 106, 111, 113, 115, 119, 120, 123, 124, 126, 128, 163, 168, 197, 198, 213, 217, 223-28, 234, 235, 238, 240, 243
ブーゼマン 210
プラトン 57, 217
プレスナー 85, 126, 140, 183, 236, 249
ブレンターノ 21
ブロイラー 147
ヘーゲル 14, 19, 20, 95, 160, 177, 178, 181, 182, 236, 238
ヘラクレイトス 13, 211, 212
ヘルバルト 174
ボイテンディク 82, 85, 126, 151, 244
ホルンシュタイン 174
マルセル 196, 213
ムッセン 131, 133, 137, 142
メッガー 134, 246
メルロ＝ポンティ ix, 4, 6, 11, 16, 24, 37, 39, 85, 97, 102, 104, 117-19, 123, 126, 154, 174, 224, 234, 236, 238, 245
ヤスパース 10, 100, 169, 178, 196, 209, 210
ユクスキュル 55
ライプニッツ 54, 56
ラランド 9, 10
ラントグレーベ 43
リクール ix, 124, 125, 126, 223, 226
リップス 115, 116
リュフナー 155
ルソー 148
レーヴィット ix, 38, 56, 224, 244
レンプライン 131, 134, 135, 139, 141, 149, 152, 155, 158, 162

齊藤 伸（さいとう・しん）
1983年東京都生まれ。2011年，聖学院大学大学院アメリカ・ヨーロッパ文化学研究科博士後期課程修了。博士（学術）。現在，東京工芸大学工学部，同大学院工学研究科非常勤講師。聖学院大学基礎総合教育部ポスト・ドクター。主な研究分野は現代哲学，哲学的人間学，言語哲学。
〔主要業績〕『カッシーラーのシンボル哲学——言語・神話・科学に関する考察』（知泉書館，2011年），「カッシーラーにおける文化哲学としての哲学的人間学の理念」（『聖学院大学総合研究所紀要』No.58, 2015年），「カッシーラーのシンボル哲学における宗教の機能」（『ヘルダー研究』第20号，2015年），

〔対話的現象学の理念〕　　　　　　　ISBN978-4-86285-255-7
2017年 4月10日 第1刷印刷
2017年 4月15日 第1刷発行

訳　者　齊　藤　　　伸
発行者　小　山　光　夫
製　版　ジ　ャ　ッ　ト

発行所　〒113-0033 東京都文京区本郷1-13-2　株式会社 知泉書館
　　　　電話03(3814)6161 振替00120-6-117170
　　　　http://www.chisen.co.jp

Printed in Japan　　　　　　　　　　　印刷・製本／藤原印刷

齊藤　伸	カッシーラーのシンボル哲学	
	言語・神話・科学に関する考察	菊/296p/5000 円
金子晴勇	現代ヨーロッパの人間学	
	精神と生命の問題をめぐって	菊/384p/5600 円

*　　*

山口一郎	存在から生成へ	
	フッサール発生的現象学研究	A5/524p/6800 円
山口一郎	感覚の記憶	
	発生的神経現象学研究の試み	A5/344p/5500 円
山口一郎	人を生かす倫理	
	フッサール発生的倫理学の構築	A5/504p/7000 円
山口一郎	文化を生きる身体	
	間文化現象学試論	A5/454p/6000 円
中山純一	フッサールにおける超越論的経験	
		A5/256p/4000 円
稲垣　諭	衝動の現象学	
	フッサール現象学における衝動および感情の位置づけ	A5/356p/5500 円
植村玄輝	真理・存在・意識	
	フッサール『論理学研究』を読む	菊/320p/5500 円
吉川　孝	フッサールの倫理学	
	生き方の探究	A5/304p/5000 円
武内　大	現象学と形而上学	
	フッサール・フィンク・ハイデガー	A5/256p/4200 円

B.ヴァルデンフェルス／山口一郎・鷲田清一監訳
　　　講義・身体の現象学　身体という自己　菊/480p/6800 円

B.ヴァルデンフェルス／山口一郎監訳
　　　経験の裂け目　　　　　　　　菊/576p/8500 円